CLUTTER CONTROL

Putting your home on a diet

Jeff Campbell of The Clean Team

Translated by Toshimi Kayaki Antram

気持ちのいい生活空間のつくり方

アメリカ流
モノの捨て方・
残すこだわり

ジェフ・キャンベル

アントラム栢木利美＝訳

The Japan Times

気持ちのいい　生活空間を
つくるためのルール

グズグズさんは
なかなか片づけを
始めないけど

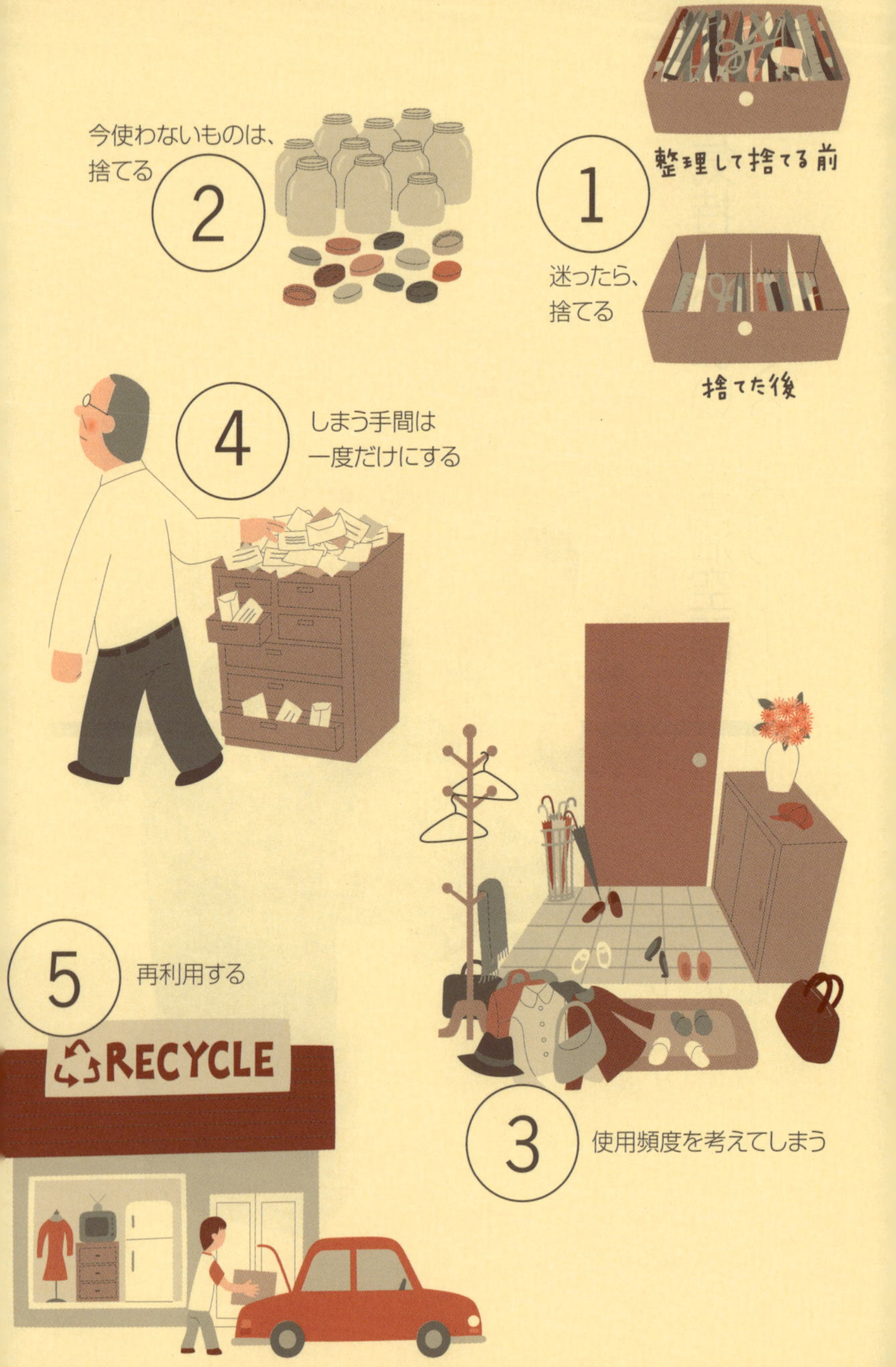
1
整理して捨てる前
迷ったら、
捨てる
捨てた後
2
今使わないものは、
捨てる
3
使用頻度を考えてしまう
4
しまう手間は
一度だけにする
5
再利用する
RECYCLE

7 書類整理に
ファイル・キャビネットを
利用する

6 ものの数を決めて、守る

8 必ず、実行する

9 すべてのものを
決めたところにしまう

12

ラベルをはって
収納する

10

飾るのは
お気に入りだけ

11

あとでやろうと
思わない

気持ちのいい生活空間のつくり方

アメリカ流
モノの捨て方・
残すこだわり

[カバーおよび本文イラスト]
大森巳加
[ブックデザイン]
鈴木成一デザイン室

気持ちのいい生活空間のつくり方

目次

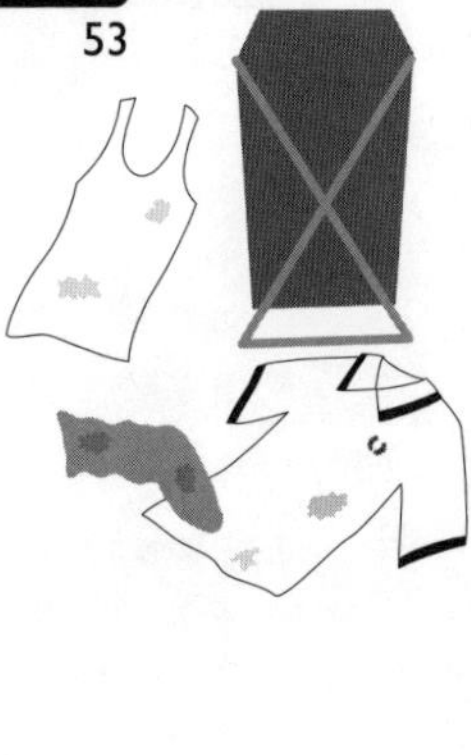

第2章　なぜものがあふれて散らかるのか、心の中から原因を探る　53

なくしては困るもの、取っておきたいもの　97

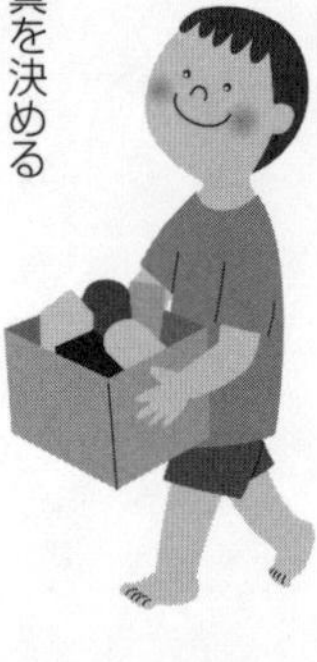

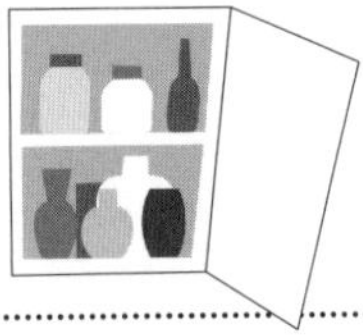

はじめに

例えば十人の人に、家の中で（つれ合いは別にして）もっとも気にさわることは何かと聞くと、ほぼ全員が部屋の片づかないことをあげます。これは世界共通の悩みとまではいかなくても、アメリカ人みんなの悩みであることは間違いありません。

散らかっているとどういう目にあうか、誰にでも思い当たることがあるのではないでしょうか。

● 物が見つからない。それを探す。これを何度も繰り返すので時間が無駄になる。

●毎日の家事がスムーズに運ばない。

●散らかった物が邪魔で、掃除すら始められない。

●美的センスはどこへやら。どうにも部屋の居心地が悪くて、気が滅入る。

●友だちを呼びたくても散らかりすぎていて呼べないし、ひょっこり顔を出されたら、赤面して穴にでも入りたくなりそう。

●昔のものが捨てられない。わたしは今を生きるセンスに乏しいのではないかと落ち込む。

●収納場所をふさいでいる物の中には、発火の危険性や、身体によくない物があるのではないかと不安……。

日本語で言う「乱雑」や「混乱」している様子、「散らかっているもの」(ガラクタ)を示す英語clutter(クラッター)の語源は、中世英語の「塊」(clot)です。血栓(塊)が血管をふさいで時に生命の活動まで止めてしまうように、散乱物は家の中での正常な営みを止めてしまいます。「ガラクタ」や混乱した部屋は、破滅のもとなのです。

ではなぜ、部屋は散らかるのでしょう。それには2つの理由があります。

1つは、雑然と「物」が多すぎることです。豊かな物質文化はどんどん進んで、現代の暮らしは、良いものをたくさん持つようになりました。持つことを制限し、整理するのは難しいものです。

もう1つは「時間」です。片づけようとしてもたびたび邪魔が入る、時間が足りない、時間があっても、どこから手をつけ始めればよいかわからない、などというように。

いざ掃除、片づけをしようというときに邪魔になるすべての物は、「ガラクタ」や「混乱」のもととなります。請求書、領収書、郵便物、雑誌、レシピ、メモ、新聞の切り抜きなど、支払いをすませたり、目を通したりファイルをしたり、整理するのが追いつかないほど速くたまっていく大量の紙がそうですし、しまった物が楽に取り出せないほど、クロゼットや引き出しの中がぐちゃぐちゃになっている状態もしかりです。

すぐ着られるものが1枚も見あたらない、パンパンに詰め込まれた洋服ダンス。読み古しの本ばかり並んだ本棚。探しものが見つからないうえ、これ以上入れる場所のなくなってしまった物置。

……思い当たることはありませんか。

乱雑さは、無駄な時間を費やします。うっかり置いてしまったものを探すのに、どれだけの時間がかかるでしょうか。やっとのことで片づけの時間を作ったのに邪魔が入って作業が進まないと、イライラも起こることでしょう。片づかないので収納家具を買ったり、ついでにすぐに必要ではないものを買ってしまったり、ましてや十分足りているものは買い足したのに、買おうと思っていたものは忘れて買い物から戻るようなことになれば、乱雑さは経済上の負担も招きます。

●乱雑だと時間が無駄になる

こうなったとき、あなただって、もうどうすればいいか、わかっているはずです。ロケットの設計者に計算してもらうまでもなく、物が多ければ減らせばいいのです。しかし限界と思えるぎりぎりのところまで捨てても、残ったものの整理は必要。でないとまた物の山は大きくなる一方です。

そこでわたしたちは、あなたの中にある、物を片づける能力の芽を伸ばし、肥料を与え、光と空気で花を咲かせることにしました。実はこれが、本書の目的の一つなのです。自信を与え、励まして、あなたが自分の家をよりきれいにするための直感を働かせられるようにします。足りないところは掃除のプロのわたしたちが、実践で得た最良の方法で補っていきます。

このままでは、しだいにガラクタはあなたを壁際まで追いつめることでしょう。自分では出店しないのに、フリーマーケットをのぞきたい気持ちを抑えられないあなた。いったいこれ以上何のガラクタがいるのでしょう。家の中はますますノミの市に似てきます。

今、クロゼットや戸棚、引き出しに何が入っているかわかりますか?! かといって、自分のことをずぼらだとは責めないように。あなただけではないのですから。

この状況は、数キロの減量を必要としているのと変わりありません。体重オーバーの人たちは、食習慣を改善して運動すればいいことを十分承知しています。しかも多くの人が望んでいるのは、楽に体重を減らせる方法です。手間のいらない減量法、実行に必要な意志力を引き出す励まし、あるいはダイエット中であることを忘れさせる、おいしいダイエット料理の作り方。

でも知っているからといって体重が何キロか減るわけではあ

●フリーマーケットをのぞきに行くとまた買ってしまう

りません。講じる手段が楽であろうとなかろうと、大切なのは実行することで、それはガラクタ処理にも言えるのです。

物を処分するのはつらいかもしれません。それらは、自分の価値観と安心感を高めてくれるものであり、同時に家族や、愛する人たちや、すぎた日々の思い出がいっぱい詰まったものだからです。だから、我慢が限界に達しないかぎり、捨てられないのは当たり前。ある面で、ガラクタ処理は自分自身のどこかを捨てることなのかもしれません。

しかしこの物への思い入れが、片づけを行きづまらせる一つの原因です。解決法はわかっていても、自分の世界を脅かすようにみえるから、ただガラクタがうず高く、そこらじゅうにたまっていくのを眺めているだけ、と。けれども持ち物に執着していると、大切なものを逃してしまいます。
●物に縛られないすばらしい解放感。
●毎日を快適に過ごす時間。
●広がりのある空間。
●家の中をもっとすてきにする創造的な暮らし。
ガラクタに埋もれた生活から解放されたら、どんなに気分がすっきりするか、想像してみてください。あるべき所に物があり、必要

●よかった!　たった25分で缶切りが見つかったよ。

な物がすぐ見つかる状態を想像してください。例えば、きちんとファイルできたことで予定が立ち、約束を守れる。書類の流れをスムーズにでき、支払いを間違えることもない。……達成できたときの安堵感とガラクタを退治できた解放感は、なんとさわやかでしょう。

もうおわかりですね。今の暮らしをもっと快適で居心地のよいものに変えていくには、ある程度の物への諦めに加えて、強い意志も必要です。

これで、捨てるものは捨て、習慣を変えていく心構えができたはずです。でも、もう一つ障害があります。それはあなたの中の、つい怠けてしまいがちな面です。

片づけを中断しないために、自分を激励しましょう。ダイエットや運動プログラムを成功させるために開始直前に決意を固めるのと同じで、自分の段取りが効果的で、独りよがりな作業でないことがわかれば、成功する確信も強まるでしょう。

あと、あなたにはまだ、整理する訓練を受けていないという問題が残っています。ですがたとえ家政を専門に学んだ人でも、洋服の整理はどう始めるか、最初にすることは何かなど、家事の手順は教えられていないことでしょう。散らかった場所をどう片づけていくか、あなたに端的でしかも実用的な答えを提供するのは、わたしたちの仕事です。

ではまず、あなたの家の乱雑さはどの程度か、チェックしてみましょう。

□雑誌は、「読むべき」記事に目を通していないので、なんとなくとっておいていませんか。

□「要修理品」または「壊れ物」を入れておく引き出しは、1つで足りなくなっていませんか。

□使うあてはないのに、捨てるには惜しいと物をとっておいていませんか。

□使わなくなった子どもたちの物を、いまだに全部とっておいていませんか。

□カギやバッグ、サイフをしょっちゅう家の中で探していませんか。

□戸棚が整頓されていないので、あるのにまた同じものを買ってしまうことはありませんか。

□キッチンの流し台の下に、使っていない洗剤を、ため込んでいませんか。
□何の部品かわからないものを取っておいていませんか。
□空き箱を集めていませんか。
□今週または今月に支払い請求がくるかどうか、わかっていますか。
□陶器のアヒル、カエル、ペンギン、ゾウなどのコレクションにかつての興味がなくなり、ほこりを払うのが面倒になり始めていませんか。
□引き出しや戸棚がいっぱいで、いちばん上の物しか取れなくなっていませんか。
□本来のしまう場所ではないのに、「とりあえず」と言い訳しながら物を置いていませんか。
□今の家は、これまで住んだ中でいちばん収納スペースが多いのに、もうどこもいっぱいで足りない状態ではありませんか。
□自分の家のそんな状態を、うしろめたく感じたり、憂鬱になったりしていませんか。
□家の中をきちんと片づけられさえすれば、もっとお客様を呼びたいですか。

あなたが今「イエス」と答えたこんな状態を解決するのが、本書です。

本書は次のような構成です。これまでにわたしたちが出した2冊の本、『すばやいおそうじ　スピード・クリーニング』（ジャパンタイムズ刊）と『スプリング・クリーニング』（日本では未訳）

と同じで、まず第1章で、家の大きさや物の数、散らかり程度とは関係なく、家事全体にあてはまる基本のルールを示します。

次に第2章で、なぜ散らかしてしまうのか、その根本にある問題を心の面から見つめてみます。散らかしぐせを気にしている人も、いろんな角度から原因を眺めることによって、気持ちが癒されることでしょう。

そして第3章が本書の中心と言える部分で、対象を一つ一つ取りあげて、整理手順を指示していきます。解決のためのヒントではありません。解決法です。トピックごとに、どんな道具がいるか、どうすればいいかを1歩ずつ段階を追って教えます。わたしたちの教え方は具体的です。あなたの家を贅肉のついたままガードルに押し込めるのではなく、ダイエットを勧めているからです。

もちろん、『すばやいおそうじ　スピード・クリーニング』でも述べましたが、これしか方法がないとは言いません。事実ほかにもあります。わたしたちはただ、実際に実験を重ねて得られた結果だけを、解決策としてあげました。4つも5つも違うやり方を並べるのではなく、特定の場所を整理するのにいちばんいいやり方だけを、研究結果に基づいて述べています。正直言って押しつけがましい感じがするかもしれませんが、時間を無駄にしないためにはこれがいちばんなのです。

暮らしのダイエットに、何から手をつけるかはあなたしだいです。全部をきれいにしたいなら最初からどうぞ。どうにも我慢できない場所から順に始めるのも一案です。

第1章
ものを減らすための13のルール

ここでは、ガラクタの沼にはまって身動きできず、お手上げになってしまった状態から抜け出す道順（ルール）を教えます。これらのルールは、日々の生活を切り盛りしていく助けとなるものです。あなたの暮らしのシェイプアップがすっかりすんだあとも、ルールを守っていけばシンプルな生活がつづけられます。

ルール1 迷ったら、捨てる

これほどあなたに爽快感を与えるアドバイスは、ほかには絶対にありません。まずはサンフランシスコ・クロニクル紙に載ったコラム「親愛なるアビィ」をごらんください。

> 拝啓　親愛なるアビィ。先日あなたは、何でもため込むご主人のことを書いておられましたね。実はわたしもそうなんです。
> わたしは長い独身生活のあと、まだわたしが読み終わっていない新聞すら捨てようとするような女性と結婚しました。結婚4年目、わたしは妊娠中の妻を残して海外に赴任しました。帰国すると今度はペンタゴン勤務を命じられたため、妻は自宅を売り、荷造りをしてワシントン

D.C.に引っ越すという大変な仕事を一人でしなければなりませんでした。彼女は、プロのようにやってのけました。

1年後、自宅で客をもてなしているとき引っ越しの話になり、わたしは妻がいかに見事に、あらゆることを一人で切り盛りしたか話しました。すると彼女が言ったのです。

「ええ、ビルが長年ため込んでいたガラクタを、すっかり処分できるチャンスだったのよ」

これを聞いて、わたしはショックを受けました。彼女は、いままでそんなことは一度も言いませんでした。「そ、それで、君は何を捨てたの」

彼女は静かに答えました。「なくなって困っているものがあるの?」

いくら考えても、なくて困っているものは思いつきません。すると彼女は、「何がなくなったか当ててごらんなさい。そしたら、それを捨てたかとってあるか、教えてあげるわ」と言ったのです。みんな大笑いしましたが、たしかに彼女の言うとおりでした。

ですから、ため込み屋の諸君、みなさんの引き出しや洋服ダンスを一度すっかり空にして、ガラクタは箱に詰めてトランクルームに預けなさい。数年使用料を払っていると、なくてもどうってことはないことがわかって、驚きますよ。

——やっとわかった読者より

ガラクタの向こうに光を見出した人の話には、勇気づけられます。

わたしたちの暮らしは、物を手に入れるチャンスがあふれています。思いつくかぎりの宣伝広告がありますし、たえず自分と友人たちの持ち物を比べては不安になり、物に誘われています。自分の巣に物をたくさん持ち込めば、それだけで安心した気になるのです。

しかし、いったん物が「自分のもの」になったとたん、魔法の力が働いて、値打ちはすっかり変わるものです。例えばクリスタルのデカンタ。自分の所有物になる前は、紛失しても壊れてもただの事故と受け流せたのに、家の門をくぐってから壊れたら、大惨事に思えてしまうというふうに。

買えるものを、何でも買っていてはダメなのです。物が多ければ、必要なときに見つからないことが起こりますし、見ないと思い出さないものや使いもしないものをしまい込んでおくと、今使っている必需品をしまう場所もなくなるでしょう。そうなるまで漫然と暮らしていてはいけません。今、捨てることです。

整理して捨てる前

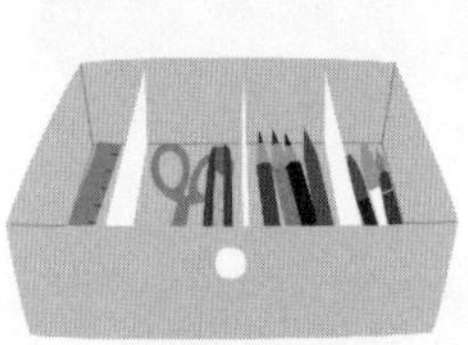

捨てた後

収納コストを考えれば、ガラクタは減る●

ガラクタ減らしの何よりの動機になるのが、それにかかる維持費です。実際の保管費用を計算してみると驚きます。

まず、あなたの家の床面積をひと月分の家賃で割って、1平方メートルあたり、いくら払っているかを計算します。例えば50平方メートルの家に月15万円払っていたら、1平方メートルに対して、ひと月あたり3千円支払っていることがわかります。

次にその金額に、収納専用にしている面積を掛けます。つまり、もとは書斎のつもりだった部屋が、いつのまにかガラクタ置き場になっているとして、その部屋が四畳半（約7.5平方メートル）だとしたら、ゴミ専用の部屋の価格は、7.5平方メートル×3千円＝2万2千500円になります。これはびっくりするような額です。

高価で貴重なものを保管しているなら、それだけのお金を費やす価値があるかもしれません。けれども残念ながらこの2万2千500円は、別のものを投げ込もうとしてドアをあけたときに、チラッと目をやる以外は見もしないものの保管に費やされているわけです。さらに悪いのは、そのドアの向こうに何がひそんでいるかを知っていることが、静かにあなたをさいなみつづけることです。

「ガラクタ部屋」は、多くの家にとって氷山の一角にすぎません。あなたのまわりで、ほかにガラクタが隠れていそうな場所を考えてみましょう。そしてその分のコストも、先の数字に加えます。

例えば、
●使っていないものを入れている家中のクロゼット。それぞれの面積はどれほどでしょう。それらのクロゼットに入っている、もうサイズの合わなくなった服のことを思い出すのは、いい気分ではありませんね。また流行遅れで着ないものも。うまくいけば30年したらまたはやるかもしれませんが、実際に、そんなかび臭い年代物を着ると思いますか。

●ベッドの下はどうでしょう。使いそうもないいただきもの、もったいなくて捨てられないもの、壊れたものは置かれていませんか。

●引き出しの中をのぞいて、毎日あるいは年に1度でも使うものは数えません。それ以外に、お祖母さんからもらった、我が家には合いそうもないテーブルクロス、シミのあるものや穴のあいたクロス、子どものためにとってあるクロス（でも子どもたちは、あなたが買ってやる新品のプレゼントですら気に入らないのです。あなたにも使い道のわからないような物を欲しがるかどうか……）。

また、ほかの引き出しも、着たことのないブラウスやTシャツ、ソックス、下着、半端なベッドシーツセット、よれよれのタオル、写真、カレンダー、絵葉書、大昔の郵便物、新聞、その他たくさんのわけのわからない物であふれている場所になっていませんか。

●ここ何年も読んでいない本ばかりある本棚。陶製のカエルやデカンタも置かれていたりして。わたしたちは、コレクションそのものに反対はしません。ただ37個もあると、陶製カエルの美をめでるわけにはいかないと思うのですが。

●本棚以外の本は？　気に入らないお料理の本、もう大きくなった子どもたちがかつて読んでいた本、使わない参考書などを置いてある場所はないですか。

●キッチンの引き出しや、使わない道具、器具類が多い戸棚。予備のスピーカーセットや、足マッサージ器を置いてある所もお忘れなく。

●冷凍庫は。家中の誰もわからない、食べようとは思えない、得体の知れない物があるのでは？

あなたは家中のいろいろな場所に物をため込んでいますが、そこはタダではないのです。

では捨てる（もしくはあげたり、売ったりする）ものと、とっておくものをどう決めればよいでしょう。

①「わたしは、机の引き出しにペン専用の区切りを作っていますが、そこはあふれんばかりです。ですが問題は、愛用のペンがそこにないと、引き出しいっぱいのペンは使わずに、家中をひっくりかえして探し回ること……」

こんなあなたの解決策は、お気に入りのペンと3、４本の予備を残して、あとは全部処分することです。そうすればほかの物を入れるゆとりも生まれます。それに何年かぶりで、引き出しが楽に閉まるようになるでしょう。

②成長した子どもたちに、自分たちの物を処理してもらいます。こうすれば、彼らにはあなたより20年は早く、ガラクタ処理法が身につきます。

③「捨てるのはもったいない」という言葉は使わないように。捨てられないほどいい物なら、その良さを喜んで使ってくれる人にあげましょう。

④「さしあたり」は禁物。壊れている物は修理か処分しよう、はがれたものは直して、体に合わないものは補正しよう、とさしあたり物を置いてはまた抱え込むことを繰り返さないことです。

⑤作業をして、ネジや部品が1つ残ったときに、それをため込まないこと。これが、ガラクタの沼を作る大きな原因になります。

ネジが必要な物には、買ったときに付いています。付いていなければ、店を出ないうちに必要な数だけ買い求めてください。そのほうがため込んだいろいろなネジ（それもクギ、ビョウ、押しピン）の中から探すより簡単で楽です。たとえ、必要なネジを3本見つけられても、そのときには4本必要だったりするものです。

なお、家庭ではネジやクギが必要になるものですが、買い置きするときは、小さな箱か、空きビンにしまいましょう。

⑥ステレオや小型の家電製品の荷箱は、30日間保存します。それまでに壊れなければ処分しましょう。通信販売で買った場合は、保証期間いっぱい保存しておきます。

引っ越しの日程が決まらないかぎり、「引っ越しに必要だから」という理由で、空箱を残しておかないこと。引っ越しのときには、近所のスーパーマーケットなどから無料の箱をもらってきたり、引っ越し業者の箱も利用できます。

「迷ったら、捨てる」ルールは、それが「何」かがわからなくても有効です。わたしの母は、何の部品だったかわからない物もとっておこうとします。彼女は、それが冷蔵庫か何かから落ちたもので、捨てたあとで「あれだった」とわかったら大変だからと自分に言い聞かせるのです。60年以上も生きてきた親でさえ見てわからない物は、あと60年たってもわかる見込みはないんじゃないか、と言ってあげたい気がします。

ルール2 今使わないものは、捨てる

何を残し、何を処分するかをどう決めるか。その答えは「使っていないものは処分する」、これがこのルールの真髄です。これに従えば、明日使おうと思っている物も残りません。

このルールは、使うのは「今」「ここのこと」で、将来の意味ではありません。毎日使わなくても「地震があったときのために」蓄えておく物は必要ですが、それとて懐中電灯とかそれなりの備品でなければ、ためる口

●来年作るつもりのイチゴジャム用のビンはとっておかない

実になりません。ランプシェードのコレクションはダメ。長い間、保存用のイチゴジャムを作っていないなら、来年は必ず作る気があっても、密閉式広口ビンと蓋は、迷わず処分します。

子どもに片づけを教えるとき、とても役に立つ方法があります。「片づけないと、なくなるよ」を、キャッチフレーズ化するといいのです。

このひと言がどんなに効果的だったかを示す手紙が、ある女性から届きました。彼女は毎週土曜日に掃除をして、通る所にあったものは捨ててしまったのです。服も、おもちゃも食べ物も、容赦なく。「捨てられてしまう。おどしじゃない」。土曜の朝を迎える前に散らかし物が姿を消すようになるまで、かかった時間はかなり短かったそう。

いただいた手紙によると、わたしたちの最初の本、『すばやいおそうじ　スピード・クリーニング』を実行しようとしていちばんの障害になったのは、家の中があまりに散らかりすぎて、掃除を始めることすらできなかったことだそうです。使わないものを捨ててしまえばガラクタが減って、その分ずっと掃除がしやすくなります。

ルール3　使用頻度を考えて収納する

『1ダースなら安くなる』という古い映画を観たことがあるでしょうか。主人公には12人の子どもがいます。彼は作業効率の専門家（マネジメント・エンジニアとかインダストリアル・エンジニアと呼ばれる）です。この効率の専門家は、ひたすら家事の合理化を図る研究の人生を送りました。例えばシャツのボタンは上から下にかけていくほうが、下から上にするよりもかなり速い、ということを発見します。

このような小さな知恵で、ガラクタが減ることはありませんが、効率とはつまり「入るを最小限に、出すを最大にする」こと。これこそ収納・整理の極意です。じょうずな収納は、物を使い終わるたびに楽に戻せるように、ガラクタを減らし、収納に余裕をもたせることです。実行するのは意外に楽です。

①効率のいい収納は、使う物が使う場所の近くか、決まった所にしまってあることです。物を、使って戻すのに便利な場所に移動します。例えばリサイクル用品を入れておく箱がガレージの奥にあったら、わざわざそこに持っていっ

●見た目より使用頻度を考えて収納する

て入れようとはしません。ですからキッチンでは、ナイフ、フォーク類と皿は、皿洗い機の近くの食器戸棚や引き出しに。手洗いのグラス類は、流しの近くに移しましょう。

②子どもたちは、上着を子ども部屋に投げ込むので、コート掛けは、たとえ玄関の横に置くほうが見た目がよくても、子ども部屋に動かします。

③掃除機は2階のクロゼットと決まったわけではありません。下に移しましょう。そこのほうが便利です。下のクロゼットに入れる場所がないというのなら、掃除をし、整理して必要な隙間を作りましょう。

④頻繁に使うものは、出し入れがいちばん楽な所にしまいます。この中には、計量スプーンに計量カップ、カギ、スプレークリーナー類、セロハンテープ、せんぬき、よく切れるハサミ、皿洗い用の洗剤などの小物も入ります。

めったに使わないものを便利な所に戻したくなる気持ちは抑えなければいけません。気をつけないと、銀製品のみがき剤が洗剤の前に来ていたり、かと思えば木製品の漂白剤が邪魔で、家具用みがき粉に手が届かないことも。

便利な場所とは、すぐに手が届く調理台のいちばん上の引き出しや、戸棚では目の高さの棚、それも前列です。

⑤花びんなど、形や大きさがいろいろでも、同類の物は、全部同じ場所に集めておきましょう。必

要になったら1か所見るだけですみます。それに、花びんをきれいにしたあと、どこに片づけるか考える必要もなくなります。食器戸棚や冷蔵庫の中の食品も同じで、決まった所に戻せば、それだけ散らかりません。

努力しだいで、探しものがすぐ見つかるようになります。これは、びっくりするほどうれしい体験です。

ルール4 しまう手間は1度だけにする

このルールは、「とりあえず」は禁句ということ。例えば「とりあえず、ジャケットはここに置いて」とか、「ちょっと書類をここに」とかやってしまうことで、散らかし常習者にこれはいけません。

「とりあえず」と言ったら、2度手間をかけることです。このひと言がガラクタを増やし、2倍の仕事量を作り出すのです。引き延ばしてもその仕事がなくなるわけではないし、あとのほうが楽というわけでもありま

●「ちょっとここに」はダメ！

せん。決断はそのときその場でする習慣をつけましょう。これは次のように応用します。

①郵便物を受け取ったら、くずかごのそばに立って選り分けます。その場で捨てるべきものは、捨てる。ずいぶん気が楽になります。

②請求書が届いたら、すぐファイル・キャビネットの「請求書」のファイルに入れます（ルール7参考）。

③興味のひかれるカタログや広告ＤＭは新聞にはさみ、記事を読んだあとつづけて読むようにします。それから必要に応じてファイルしたり、新聞と一緒にリサイクルに出します。

④子どもが学校からプリントを持ってくると、くずかごの所に行く女性がいました。彼女は一枚ずつ印刷物に目を通して、子どもに直接、適切なコメントをしてからくずかごに捨てていました。特別なもの、保存する価値のあるものは、そのためのファイルをファイル・キャビネットに作っていました。

わたしの母は、長年にわたる「とりあえず」哲学の代表的実践者です。引き出しにしまうことは捨てるのとまったく同じで、そこから取り出された物は、一つもありませんでした。しかもそのうち、ガラクタを入れるための大きな引き出しが、いくつも必要となりました。

「とりあえず」と言いそうになったら必ず、物は一度に処理することを思い出してください。しまう物も一時しのぎはせず、置くべき所にきちんとしまうように。

ルール5 再利用する

紙、アルミ缶、ガラスビン、プラスチック容器などを、資源ゴミとして出す話をしているのではありません。その前に自分で利用しようというのです。

資源ゴミは、まず片づけ・整理の習慣を身につけるために利用します。物をあるべき所に置く習慣を身につける練習に、ゴミの分別はもってこいです。

さらに、なぜかビン類はとっておきがちで、始末に困っている人が多いので、だったらゴミとして毛嫌いするのではなく、積極的に役立てようというわけです。

どうせとっておくのなら、マヨネーズのビンは一度使った油の入れ物として、ピクルスやピーナツバターの入っていたビンも、ほかの何かに利用しましょう。なお、たまった油を捨てるときは、用済みのビニール袋に移して、口を縛って可燃ゴミにします。ビンのほうを捨てるときは、よく洗って油分が残っていないのを確かめてから、資源ゴミに出しましょう。こうすれば、ためたビンを有効利用できて、世界じゅうのもったいない族が惜しがらないですむようになります。古タオルなどは、ボロ布として使うか、でなければ古着と一緒に資源ゴミにします。

自分で再利用するだけでなく、よそへリサイクルに出すことも忘れずに。着ない、または着られない服や、クロゼットの奥に隠れているバッグや靴も忘れずにリサイクルして、必要な人に渡しましょう。新品のシーツ類や着なかったベビー服にオムツ、ネクタイやベルト、自転車も、同様に必要な人に渡します。本棚に入りきらずにあふれている本があれば、本を整理して古本屋に売るか、雑誌なら楽しんでもらえる人がたくさんいる学校や病院、養護施設に。古雑誌の新しい持ち主を捜す手間を惜しむなら、新聞と一緒に資源ゴミに出しましょう。

家で使われていない物は、ほとんどが別の人に利用してもらう候補です。

ルール6 ものの数を決めて、守る

①油入れに使うビンは半年に1つでいいのに、毎月買うビン詰めの食品は、たいてい数個はあります。ですがいくつ買っても、置いておく空きビンは1つでいいのです。ワン。ウノ。ゼロに1つ足

した数。用意していた容器がいっぱいになるまで、次の用意はしないでおきましょう。

②将来のギフト用に箱をとっておきたい場合、数を決めて守りましょう。必要になりそうな箱は全部と考える人は、店でも開けばいいのです。

保管しておくのは、いちばん大きな箱に入る、大きさの違う四個と制限します。それだけあれば、補充の機会がくるまで間に合うものです。数がそろったら、どれかを使うまで足してはいけません。どうしても欲しい箱に出合ったら、それまであったうちの1つを捨てます。

●ハンドバッグの数はいくつに決める?

③どんな場合にも、決めた数を超えないこと。「しょうがない」といって増やすのは禁物です。

家の中が散らかる原因になっている物も、数を決めます。例えば「ニューズウィーク」や「タイム」のような週刊誌は2週間分とするというように。毎週新しい分が届いたら、3週間前の物は捨てましょう。

④このルールは、買い物好きなあなたのためでもあります。例えばバッグ。置いておくバッグの数は、常識の範囲で決めましょう。7つと決めたら、残りは不要品です。気に入ったものを7つ選ん

だら残りはバザーに出して、どれかがいらなくなるまで新しいバッグは買わないこと。

バッグの数のルールは、靴やソックス、陶器のカエル、冷蔵庫内のカラシ、食器棚にあるペーパータオルなどにも応用してください。衣類も同じです。

⑤数の代わりに、物によっては量で決めることもできます。例えば、本棚に入りきらないほどの本がたまったら、はみ出した分だけ本を処分するという具合に。

ルール7 ファイル・キャビネットを利用する

今や、事務所兼住宅とか整理魔の友人宅でなくても、どの家庭にもファイル・キャビネットが必需品になってきました。たとえ机はなくてもファイル・キャビネットに投資しましょう。机代わりにダイニング・テーブルを使うことはできても、家の中にファイル・キャビネットの代わりになるものはありません。これは、すばらしい散らかし退治箱なのです。

ファイル・キャビネットは、引き出し2つつきの安いものなら、およそ40ドル（日本では3千円前後）からあります。同じサイズの事務用だと2、3倍の価格です。

高いものには高いなりの利点があります。引き出しがいちばん奥まで引き出せるので、ファイルもいちばん奥まで楽にできます。それに対して安いものは3分の2ほどしか引き出せないので、奥のファイルの出し入れにひと苦労します。また、値がはるものほど強度や、開け閉めの際の静かさなどに優れています。しかしいちばん安いものでもかまいませんから、手に入れて利用しましょう。

収納例を次に示しますので、自分の場合に照らし合わせて、引き出しが2つのタイプでいいかどうか判断の目安にしてください。なおファイル・キャビネットの具体的な使い方は、第3章の99ページをごらんください。

*ファイル・キャビネットは、請求書や保険証書などの重要書類、それに手紙類の完璧な保管場所であるほか、次のような物を収納します。保証書、使用説明書、文房具、写真、切手、子どもたちの学校の書類、通知票、スペア電池、フロッピー・ディスク、ペン、鉛筆、税関係書類、領収書、辞書、カタログ、住所録、アルバムなど。手元に置いておきたい本にもぴったりの場所です。このほか、定番のもの以外に、あなたが好きな物を好きなようにファイルして保管できます。

●まず困っている場所から解決する

ルール8 必ず、実行する

このルールは簡単ではありません。だからこそ、わたしたちはあなたが行動を起こすよう励ましているのです。

わたしたちは本書の「はじめに」で、あなたが自分の家の惨状に対して「もうどうすればいいか、わかっている」と指摘しました。大掃除をして、捨てて、整理しなければならないことは、よくわかっているはずです。

けれども、実際には何をするのか、どこから始めるか、何を処分し何を保存するか、棚や保管用バスケットを用意するときに何を一緒に買えばいいかなど、具体的な対策は知らないかもしれません。

残念ながら、わたしたちは往々にして、家の散らかりぶりに困惑したり、くよくよしたりするぐらいが関の山。カタログで整理用品を見たり、クロゼット用の収納グッズのセールを見ると、よだれが出そうになるものの、それでもグズグズ、ものぐさなままです。実際、ガラクタのことを考えると、とたんに気持ちが萎えてしまいます。ましてや具体的にどうしたらいいかを考え、予想される問題や障害がはっきりしてくると、よけいやる気をなくしてしまうのです。

自分の意志が弱いという弱点を受け入れましょう。100歳まで生きたところで、友だちのジョンほど、きちんとできるようにはならないだろうけど、デボラほど汚すことも絶対ない、と自分を元気づけて、困っている場所のゴタゴタだけはなんとかしましょう。たとえ結果が思うようにいかなくても、気持ちは楽になります。ちなみに、この第1章のルールと、頭の痛い部分を一つ一つ取りあげた第3章の「収納・整理ガイド」に従っていれば、よけい悪くなることはないはずです。

ルール9 すべてのものを決めたところにしまう

このことは、わたしたちが考えるよりも先に、親たちが知っていたことでした。ですが、このルールが片づけに重要な理由は、別にあります。

あるべき所に置いていないと、物はガラクタになります。家中に散らかっている子どものおもちゃ、クロゼットに押し込まれた、家族の誰も着ようとしない服、部屋の隅に積まれた新聞、机の上にある書類の山。これらのうち定位置以外にあるものは、ゴミです。

●あるべき所に置いていないものはガラクタになってしまう

「物はすべて、それぞれの定位置に置く」と、決心するのは簡単ですが、実行は簡単ではありません。第3章の「収納・整理ガイド」では、持ち物それぞれを収めるための、置き場所の作り方をアドバイスします。

このルールで、どんな物も決まった場所で、必要なときにすぐ見つかるようになります。それだけで、あなたはその日一日、とても楽しく過ごせたりするものです。

ルール10 部屋に飾るものは選び抜いたお気に入りだけに

もっともな話です。誰にでも広いスペースがあるわけではないので、飾るにはそれなりの理由が必要です。簡単なテストをしてみましょう。

例えばコーヒーテーブルの上にあるアンティークの置き時計は、動いていなければ、機能は失っています。それでもあなたが美しいと思えるものなら、形が魅力だと言えましょう。問題なし。テストは合格。しかし5年前に誰かが「ちょっとだけ」とそこに置いて、ずっとそのままだとか、片づけると、くれた人に知れたとき気まずいからとか、ほかに置き場所がないからというだけで置いてあるなら不合格です。

どれを部屋に飾るか決めるには、各部屋をまわって、食器棚やサイドテーブル、コーヒーテーブル、ナイトスタンド、カウンター、暖炉など、あらゆる所に置かれた品物を手早く、目に入る順に調べます。そして次のように自問します。

なぜこれを保管しているの？　ここでどんな働きをしているの？　その役目は果たしているの？　ホコリを払ったり掃除をするのにウンザリしていない？　ほかの場所に同じ物がなかったかしら？　美的観点から、部屋に入ってそれを見るのが楽しい？　眺めるにしろ使うにしろ、この品物をここに置いて、ほんとうのところどう映っているんだろう？

大事な物は処分してはいけません。しかし家のあちこちで、小物や安物のアクセサリーや骨董品のガラクタなど、テストに落ちる物をたくさん発見しそうですね。不合格なら、

●コレクションという名の魔物

その分ホコリ払いをせずにすむのですから、手間が省けるというものです。それらは捨てる、売る、あげる、あるいは別の場所にしまいます。

このとき、不合格にしたのに処分に踏み切れない物（子どもが作った灰皿など）が出てきたら、テスト期間として1か月保管場所に置き、それから捨てられるものは捨てます。そうすれば罪悪感が和らぎますし、ガラクタ処理の腕が上がります。1か月のあいだに何が起こるかなんて、誰にもわかりません。1か月もあれば、たぶんすっかり忘れてしまうでしょうね——掃除のときにホコリを払うものが減ったと感じるときを除けば。

ふだん使っている引き出しや、クロゼットの大掃除のときには、必要に応じてさらに大胆な決定ができるものです。

ルール11　あとでやろうと思わない

1時間かけて、部屋のゴミ拾いをしたとします。申し分のない状態。

ところが子どもが学校から帰るなり、数分もたたないうちに、脱ぎ捨てた服や食べ物、汚れた皿、靴、おもちゃ、ソフトドリンク、学校のプリント、新聞、雑誌、カップ、グラス……で、戦場のようになってしまいました。

●家族が帰ってくるともとのもくあみになるのはなぜ?

どうやって散らかったかというと、次のようにです。

子どもが、缶ジュースを手に居間に入ってきて、テレビをつける。上着をイスの上に放り投げ、あちこちテレビガイドを探し回る。そのうち、サンドイッチが食べたくなってくる。空の缶をその辺に置きっ放しにしてキッチンに行く。上着をかけることになっているコートハンガーも、缶を入れるはずのリサイクル用ゴミ箱のそばもサッと通りぬけて。さらに、ほかの家族の行ったり来たりも数度あって、部屋は壊滅状態に。

以上のことを避けるためには、次のことが必要です。

片づけを後回しにしないための10か条

①部屋に持ち込んだ物は、そこを出るとき持って出る。
②2階に行くときは、とりあえず物を持って上がる。
③1階に行くときは、とりあえず物を持って下りる。
④外出するとき車に持ち込んだ物は、持って降りる。
⑤落とした物は拾う。
⑥こぼれた物はすぐ拭く。
⑦ゴミはそのつど処理する。
⑧皿やカウンターの汚れは、乾かないうちに洗うか、拭き取る。
⑨乾燥機から取り出した服はすぐたたむ。
⑩服は、まだ少し湿り気が残っているうちにアイロンをかける。

●部屋に持ち込んだものはそこを出るとき持って出る

　このルールを実行すれば、家の大部分の散らかりは消えます。部屋を出るときは入ったときの状態にして、というだけのこと。洗面所に行ったとき、洗面台に歯みがき粉がこぼれていなかったら、出るときもこぼれたままにして出ない、というように。

　これなら1秒もかけないで、また超過密スケジュールにまったく負担をかけないで、片づけ問題が解決します。グラスに水を注ぐために立ったなら、汚れた皿をついでに運んでいっても、余分な時間は少しもかかりません。

しかし中には、かなり時間がかかってしまうものもあります。シャワーの水滴は、飛んだときに拭き取っておかないと跡が残り、乾いてからだと取るのに手間取ってしまいます。力を入れてゴシゴシやったり、いろいろなクレンザーで試したりすると、かえって取れないシミになることも。

もちろんあなたは、それぞれの意味を理解してルールを実践しているわけですが、ほかの家族はそこまでは開眼していません。問題はどう協力してもらうかです。手本を示すとうまくいくこともありますが、家族も継続してやってくれないと話になりません。

そこで、家族全員を集めて和平会議を開催します。会議の目的を説明すれば、（熱意には差があるものの）散らかりをどうにかしなくちゃいけないという点では、みな即同意するはずです。そうしたら今度は、あなたの家庭に合った「後回しにしない」リストを作るために意見を求めましょう。誰が悪いの、何が悪いのは言わせず、リスト作りのことだけをみなで考えます。助けがいるときには、ここのリストを読んで聞かせます。

次に、出来上がったリストに関する契約書を作成します。この契約条項には全員の賛同が必要です。契約を守った場合の褒賞と、違反したときの罰則規定もリストに。無駄づかいでも、ウンザリすることでもありません。守れば報われることと、違反は防ぎたいことをアピールするだけです。

毎日実行できるアイディアが、さらにいくつかあります。掃除をするまで家がきちんと片づき、その掃除にも時間がかからなければ、あなたは自分の家事管理能力に自信がつきます。

バスルームでの工夫●

窓用のスキージ（T字型の窓用水滴取り）を浴室に置いておきます。壁やドアにはねた水滴は、乾いてしまうとシミになるので、最後にシャワーを浴びた人がスキージを使ってぬぐい取るようにします。1分ほどしかかかりません。これで以前よりバスルームの掃除が楽になります。もうひと手間かけられるなら、スキージのあとタオルで拭くといいでしょう。

洗面台も同様に。最後に使った人が、まわりにかかった水をぬぐい、洗面台の蛇口を磨きます。金属部分にシミができないよう、拭いて自然乾燥させます（日本ではこれで、梅雨時のカビがかなり防げます）。

キッチンでの工夫●

食後に水回りを拭いて乾かします。また食事のしたくができたあとに、ペーパータオルを2、3枚使って油や水はねで汚れた足元の床と、必要なら冷蔵庫の前を拭いておきます。

そのほかの場所の掃除●

ペットがいて、それの毛やゴミがつくようなら、毎日掃除機をかけます。本格的な掃除ではなくて、人通りが多い所の2、3分の掃除機がけのことを言っているのです。

これがさらに頻繁に掃除機がけが必要なときは、効率をよくするために、掃除機を居間の片隅か、ほかの手の届きやすい場所に置きましょう（いつまでも置きっ放しにならないように）。

予定外の掃除機がけは、定期的な掃除の時間を省きます。部屋の居心地もよくなるし、カーペットも床もいつもきれいなままで、ずっと長持ちします。

ルール12 ラベルをはる

子どもの体操着に名前を縫いつけるのではありません。家の中の物に、ラベルは必要ないと思っている人にお話しします。

片づけた何かを取り出そうとして押し入れをのぞくと、同じような箱が6個にもなっていたというような体験は、何度あったでしょうか。これだと思う箱をヨイショと下ろし、ていねいに封じておいたテープをはがすのです。ところがその箱にはないことがわかって、はがしたテープはいい加減にはるだけで別の箱へと向かう。そして探していた物が見つかったとしましょう――45分後、6つ目の箱で。

この事態は、ラベルで避けることができます。

収納ボックスにラベルをはる●

箱の中身がすぐわかるように、すべての収納ボックスにラベルをはりましょう。「雑貨」のようなおおざっぱな表現は、ラベルには厳禁です。「フリーマーケット」とか、「寄付」のようなラベルも、あなたを悩ませるもとです。実際に蓋をあけなくても、何が入っているかわかるよう的確な表現を用います。

ラベルづけは中身全部の名前書きに終始しますが、全部の箱の中を探し回るよりはずっと楽。ふつうは「本」とか「夏服」とかですませるものですが、それは1箱ずつしかない場合に。出し入れがあったら、それに合わせてラベルを修正しましょう。

冷凍食品にラベルをはる●

●ラベルがあれば全部の箱を開けずにすむ

冷凍庫に入れた物は、数日たつと見かけがどれも同じになります。アルミホイルに包んだものならまだわかりますが、ラップに包んだ物は真っ白になってしまいます。

2、3センチ幅のマスキング・テープ1巻きとペンを1本、引き出しの中のラップのわきに入れておきます。そして冷凍する物すべてに、適当な長さにテープをはって、日付けと食品名を入れます。これでチキンが2つ以上あるとき、どちらを先に使えばよいか、あるいは何を廃棄すればよいかがわかりますね。

戸棚にもラベルを●

しまう物のラベルを戸棚にはると、中の物がごちゃごちゃになるのを避けられます。買ってきた食料品を戸棚にしまうとき、どれをどこに置けばいいか迷うことがあります。しかし戸棚にラベルをはっておけば、行き当たりばったりの収納をしないですみます。ラベルが必要なのは、みなが置き場所に慣れるまでのあいだです。

もし幼い子がいるなら、ラベルは戸棚の外側にはりましょう。特に、シリアルと砂糖、クッキー、ジャム、ピーナツバター、パンなどを探してよくのぞき込む戸棚の場合は、外側が便利。

ラベルは、どこに何があるかを知るためのものではなく、どこに何を片づけるかを知らせてくれるためのものでしたね。子どもたちがまだ字を読めなければ、代わりに絵を使います。

ところで、子どもに片づけを教えるため、彼らの部屋ではたっぷりとラベルを使いましょう。子ども部屋についてはさらに第3章を参考にしてください。

ルール13 プロに助けてもらう

この人たちは、使命感をもって、収納・整理の悩みをほかの人に代わって解決することを仕事にしています。家を訪れ、あなたと一緒あるいは彼らだけで、クロゼットを片づけ、必要な収納用品の据え付けをし、ファイリングをすぐに始められるように整えて。たいていの場合、あなたをお手上げ状態から抜け出させ、あこがれていた穏やかな生活をもたらしてくれます。

サンフランシスコのイエローページには「片づけ・整理サービス――家事、ビジネス」とあります。「日本では清掃業」で探します。サンフランシスコでは年に

数回、家事の整理と片づけの講座も開かれていて、講師はたいていその分野で仕事をしている方々です。

しかし、これには落とし穴があります。ほかの1から12までのルールを守る約束ができるときだけ、この13のルールの利用をお勧めします。なぜなら、あなたが自分の行動を変えないかぎり、プロの人が帰ったとたんに物が散乱するはめになるからです。この13だけを利用して、あとのルールを削ってしまうことはできません。

第2章

なぜものがあふれて散らかるのか、心の中から原因を探る

あなたの家の散らかり具合には、あなたの気持ちや、今の生活に対する考え方が反映されています。ですがどんなに散らかっていようと、心のほうを治療しなければならないケースはごくまれですし、散らかしたいという欲求は、遺伝子にも組み込まれていません（ヒトに近い種のチンパンジーは、寝床を作っても1度使うだけで離れますし、ココナツや昆虫、木の葉など、お気に入りのコレクションも持ちません）。

いいですか。散らかす原因に心理的側面があるとしても、散らかった所で暮らしている人がみな、心理的問題を抱えていることにはならないのです。ここでは、心の面から、散らかしの原因を考えていくことにしましょう。

限度を越えるのはどんなとき？

わたしたちはどの程度まで散らかると、我慢できなくなるのでしょうか。許容できる範囲と限界を越える境界は、どこにあるのでしょう。

まず、次の文章を見てください。

□散らかった状態を見て落ち込んだり、不安や諦めの気持ちが湧く。
□もっといい物、もっと新しい物を欲しがる気持ちがおさまらない。
□自分で自分の人生を決めているのではなく、物に支配されているように感じる。
□家の中がごちゃごちゃでくつろげない、やる気が起きない、気が滅入ってくる。
□自分がきちんとした性格でないことで、自嘲気味になっている。
□家が片づいていないことが原因で、つねに家族ともめる。
□家の中がひどいありさまなので恥ずかしく、友だちや親戚を家に招くことができなくて孤立してしまう。

これらは、少なくとも前向きに快適な生活を営みたいと思っているとき、散らかりの限界を越えたことを示す心理上の目安です。こんな状況が2つ以上あなたや家族に見られたら、何らかの対策を講じる必要があるとわたしたちは考えています。では、どんな心の状態が、こうした散らかす習慣を生むのでしょう。

ため込みグセの人はこう考えている

カリフォルニア州立大学でため込みグセの研究をしている心理学者は、アメリカでは少なくとも10人にひとりが、慢性的にため込みグセがあると推測しています。この心理学者が面接した200名の、ため込みグセの人があげた言い訳の中でもっとも多かったのは、

①「いつか必要になるかもしれないでしょ」
②「もうこれは作られなくなるかもしれないのよ（手に入らなくなるかもしれない）」
③「好きだった人のことや、昔いた場所のことを思い出させてくれるのよ」

よく耳にしますよね。以下、それらの言い訳に対して一つ一つ反論してみましょう。

①の「いつか必要になるかもしれない」に対しては、そのとおり。いつか必要になるかもしれません。でも、ならないかもしれません。

冷静にそのよけいな物を査定してみてください。必要となる日がきたとき、それがなかったら病気になったり、死んだりするでしょうか。くるかこないかわからない日のために、全部とっておくつもりですか。そうだとしたら、倉庫にでも住むしかなくなります。

②の「もうこれは作られなくなるかもしれない」も、そのとおり。もう作っていないかもしれません。でも作られなくても困らない物は、結局必要ないのです。なくなるからと言ってため込んでいたら、2つ目の倉庫が必要になります。

③の「好きだった人のことや、昔いた場所を思い出させてくれる」は、そうですか。しかしそれは、人や場所のことを思い出させるきっかけにすぎません。

あなたの中に、場所もその人も生きています。思い起こさせる物を処分しても、思い出の人を裏切ることにはなりません。ましてやその人は、あなたが永久にそれを持っていてくれることを願っているでしょうか。

心によみがえる思い出より、物に焦点が移ってしまったようですね。思い出の品々を記念にとっておくのなら、3つ目の倉庫を探し始めたほうがいいでしょう。

もちろん、あなたに血も涙もないスパルタ人のようになれとは言っていません。そうではなくて、品物に強くひかれる動機を検証しているのです。

ほどほどが何よりです。自分がいい状態でいられるためにとっておくものは、特別大切なものだけにすること。何がなんでもとか衝動に駆られてではなく、良さがわかるいい物だけをとっておきましょう。

散らかしの元凶はもったいないと思う心

わたしたちが生きている時代ほど、物質主義の時代はないでしょう。現代ほど豊かな物に恵まれた世代がかつてあったでしょうか。

親の時代は、大学を卒業する者がシボレーのポンコツ車にあこがれたというのに、今では高校を卒業する若者が、ＢＭＷの新車を欲しがります。たった1回のダンスパーティには、第三世界に住む人たちが、家族全員で何か月も食べていけるお金がかけられています。物質崇拝の現象が起きたのはなぜでしょうか。

自分という内面に目を向けることがなく、自分の尺度は物で表され、シンボル化されています。

「見えるかい、オレのこのすごい物の山が。これがオレだよ、見てのとおり。この物の山がオレの正体だ」

「人を物で見て何が悪いの。みんなそうしているじゃないの」

そのとおり、そうしています。しかしこれには問題も起きます。第一に、物は額面どおりに通用しません。ですからわたしたちの真価は物では表せません。第二に、このような見方をしていると、思わぬ攻撃にさらされることがあります。「わたしのペンギンのコレクションによくもケチをつけたわね。もう二度と口をきかないわ」と。

わたしたちは持ち物をひけらかして自分の価値を主張します。ほめられればうぬぼれ満足して、けなされれば自己嫌悪に陥る。これでは急上昇、急降下を繰り返すジェットコースターと同じです。ジェットコースターから降りるには、物に支えられた固定観念を捨てることです。そうすれば、「あなた自身」として存在できるのです。

江戸時代の無一文の苦行僧を思い浮かべてごらんなさい。托鉢の椀と布1枚だけなのに、人間として輝いています。芭蕉の門人の正秀（1657～1723、膳所〈現・大津〉藩士）の俳句にも、次のようなものがあります。

くら焼けて　さわるものなき　月見みかな

また、物欲にとらわれていないことを確かめるために、数年ごとに自宅を燃やす僧だっていました。しかしわたしたちは、こんな厳しい手段を提唱しているのではありません。ご安心を。本書はずっと穏やかな方法です。

すぐ散らかすのはグズグズしている人

散らかりは「グズグズ」の結果でも生じます。グズグズ屋がいつもなんて言うか知っていますか。「明日から始めるよ」「何をするにも棚がいるのよ」あるいはズバリ、「あとで」。

例えばあなたが、お皿にフレークを入れるとします。入れている途中で1、2片こぼれました。牛乳のしずくも1、2滴飛びました。けれどもテレビで面白い番組をやっているので、フレークの箱と牛乳パックは出したまま、こぼれたフレークやしずくもそのままで、長いすに移動したとします。

何が起こったのでしょう。あなたは汚れをそのままにして、次のことを始めたのです。フレークや牛乳パックの口を閉じて片づけるという、ささいなことをしなかったために、無意識のうちにまたも小さなお荷物を増やしてしまいました。こうして面倒ごとが積もり積もって、汚い、散らかり放題の乱雑な家が、出来上がるのです。

すぐ次のことに飛びつかず、まず目の前のことを片づけること。中途半端にしなければ、やりとげたことに対する満足感、充足感、さらには美的感覚さえ芽生えます。その穏やかな喜びを大切にし、さらに、そうした感情を高められるようなアンテナをいつも張っておきましょう。

たしかにそれは、ささいな喜びです。ゴミが落ちているときの気の重さと同程度の喜びでしかありませんが、積極的に行動に移していくと、努力しなくても快適な生活が生まれます。

不精者、それともせっかち？

世界じゅうの人を、不精者かせっかちかの2つに大別できるかどうかわかりませんが、たいていの人は、多少なりともどちらかの傾向はあるようです。あなたは直したいと思っている不精者かもしれないし、もっと速くすませるコツを覚えようとしているせっかち者かもしれません。どちらにしろ、あなたと違う側にいる人たちとの言い合いは、不愉快でいやなことでしょう。険悪になった例をあげてみます。

週末に、彼女は一日かけて掃除をしました。家中ピカピカです。そこへ彼女とは正反対の性格のつれ合いが、テニスの試合で勝利をおさめて帰宅しました。彼はすぐ近くに大きな脱衣かごがあるというのに、汗でぬれた服を床に脱ぎ捨てています。

このときの2人が何を考えているかというと、おそらく……。

妻　わたしがお掃除したばかりだっていうこと、わからないのかしら。ほんとにいつも気がきかないのだから。

夫　いやあ、今日はいい試合だったなあ。さあシャワーだ、シャワーだ。

また2人の会話は（あればの話ですが）こんなふうに……。

●無頓着なのんき者と一緒に暮らすにはコツがある

妻　ちょっと、あなた！　今お掃除したばかりなのよ。自分のしていることがわかってるの!?
夫　あっ、部屋、きれいになったね。……ねえ、きれいなタオルとってくれない？

このように、あなたがガミガミ屋だったとして、歯ぎしりしたいほど自分を怒らせるずぼらな人と、暮らしているとしたらどうします？　例えばツナ缶ひとつあけるにも、キッチン中をかき回して散らかし放題。なのに自分のやったことには無頓着なのんき者と。あるいは、あなたが不精者で、年中口うるさいせっかち者と一緒に住んだとしたら、いったいどうなることでしょう。

まず、互いの立場から言い分を主張し合うでしょう。主張には自分と正反対の相手を、それぞれどう見ているかが読み取れます。

せっかちなガミガミ屋は、のんきで不精な相手の行動を、意図的なものと受け止めます。ガミガミ屋の自分をわざと憤慨させ、いじめてやろうといじわるをしているのだと。一方の不精者は、掃除にしろ片づけにしろ、のんきな自分の面目を失わせて、意図的に性格まで変えようとしている行為と受け取ります。こんな2人の共通点は、相手の行為を一方的に判断している点でしかありません。

問題は、受け止める側にありそうです。冷静なときにはもちろん、相手がそんな悪意を抱いていないことはわかっています。のんき者は、ただいじわるな上司や昨日のゴルフの試合のこと、今日の夕食のことを考えているし、うるさ方は片づけのことや衛生状態、清潔を気にかけているのだと知っているのです。

この種の対立を解決する方法があります。

①相手自身と相手のとった行為を切り離す。

問題は人ではなく、行為なのですから。人と行為との切り離しがうまくできるようになると、それほど腹は立たなくなります。事実にだけ目を向ければ、感情的な湯気はぬけるはずです。自分が冷静になれば、相手もおのれの心に目を向けることでしょう。

誰でも自然な姿でいるときが、いちばんその人らしさを発揮できます。のんき者はのんきに、せっかち者はせっかちでいるのが本来の姿。それをごちゃごちゃ言うのは、ばかげたことではないでしょうか。竜巻に逆まわりしろと言うようなものです。

②対極する2人の関係をうまく運ぶには、対話が効果的。

そのとき「すべき」「しなくては」は忘れましょう。これらの言葉には相手を非難する気持ちが強く、支配志向が感じられるので、うまくいきません。言い方が大切です。こういうときは、「このようにして欲しい」と言うのが効果的です。

また、こちらがどう感じているか、何を考えているかを相手に伝え、相手がどう思っているかを尋ねます。浴槽の底に入浴後に流し忘れた水がたまったままになっているだけでガミガミ屋が驚くことを不精者が知ったら、心底びっくりするでしょう。

人間はおかしな生き物で、つれ合いが自分と似すぎていると、つまらないけんかがよけい増えたりするものです。他人をもう一人の自分にしようとしないことです。うまくいきません。

③相手の生き方に歩みよる。

思いやりと忍耐力、また尊敬と理解をもって。互いにわずかずつであっても、たとえ自分のあり方を変えなかろうと、歩み寄りは大切です。

もしあなたが、床に放りっぱなしにしていた汚れたタオルを自分で拾えば、つれ合いの人も少しは楽になるかもしれません。そして、時にはお互いに感謝の言葉をかけ合いましょう。

④この方法でも功を奏さないとき。

この理想の方法がきかないときは、あとは相手に、自分の行動の結果を直接味わわせることぐらいしかありません。もしもずぼらな人が、脱いだ服を行く先々の床に落としていたとして、あなたが後ろについて拾いまくっているかぎり、どんな進歩も期待できないのです。不精者にすれば、すべてうまくいっているのですから。

ですから完璧に有能な召し使いは、みずから用済みにします。不精者の衣服がいつまでも放っておかれたらどうなるか。しばらくすると、まともに着られる衣類、少なくともしわのよっていない衣類が激減したことに、不精者は気づくことでしょう。何かに気がついて、初めて改善の可能性が生まれます。

ガミガミのせっかち者に対しても同じです。もし、あなたの好きなガミガミ屋がドイリー（飾り敷き布）のアイロンがけばかりしていたら、やさしく「ピクニックに行く予定があってね、一緒に行ってくれたら、うれしいんだけど」と言ったらいいでしょう。

散らかし屋さんにならないための10の方法

散らかしグセを直すのに役立ちそうな方法を、具体的に並べてみました。

①家の中がいつも散らかり放題で人を呼べないのなら、対抗手段として定期的にお客さんをお茶や食事に招待しましょう。できれば、毎月1回から始めて。自分の悪癖を一掃するきっかけになります。そのうち、しだいにきれいになった家に慣れていきます。ただし、常連だと乱雑さに慣れてしまうので、お客さんは変えていきましょう。

②あなたのガラクタは1日でたまったものではありません。ですから1日で片づくとは期待しないこと。いちばん困っている部分から始めて、途中で自分の進捗ぶりを評価します。はじめから目標を高く設定すると、決意と挫折の繰り返しに陥るだけなので、まずまずの成功（とまずまずの自分）

を受け入れましょう。
③「おまえは悪い子だ」と言うのと同じで、「わたし、収集家です」と言ってはいけません。収集は、あなたの本質ではありません。それは今のところしているだけのこと。
もし自分を収集家とか、ため込み中毒だと自分で決め付けたら、変わるのが大変です。自分はどんな人間かと考えるより、自分は何をしているかを考えるほうが、はるかに簡単です。
④幼い子どものおもちゃ（例えばぬいぐるみのテディベア）を、子どもと話し合わずに捨ててはいけません。子どもにとってテディベアは初恋の相手。愛するものが突然自分の手から消えてしまうと学びでもしたら、逆にため込み屋になりかねません。
⑤一説に、あまりに厳格な片づけを強いるのは、子どもの復讐心を生み、結果的に散らかし屋になるのを教えることだそうです。子どもが散らかすのは、親に自立を認めて欲しいメッセージの現れ

●定期的にお客を家に招べば、部屋はきれいになる

だとか。

⑥子どもはあなたをお手本にしていることを忘れないこと。知人の奥さんは家にある雑誌はただの1冊も捨てないと言っていました。ひと部屋全部が「いつか」読む雑誌で占領されていました。彼女はペーパータオルやホイルを洗って、再利用していました。

そんな彼女を見て育った子どもが、自分のおもちゃがボロボロになっても捨てさせなかったのは、驚きと言えるでしょうか。おもちゃを「捨てなさい」とか「あげなさい」と言うと、彼は割れんばかりの声で「ボクのだボクのだボクのだ」と泣きわめきました。

⑦捨てようかどうしようか決められなくて、身動きできなくなることはありませんか。決めるのにそれだけ時間がかかるということは、あってもなくてもそれほど違いはないということです。捨てましょう。

⑧部屋の整理が終わったら、きれいに片づいた

●子どもと話し合わずにおもちゃを捨ててはいけません

中に座ってみましょう。幸福を感じますか。それともちょっと居心地が悪いとか。もしも後者だったら、まもなく散らかった状態に戻るでしょう。あなたが汚い部屋を望んでいるからです。しばらく居心地を味わって、くつろげるかどうか、整然とした美しい環境に自分がふさわしいかどうか、よく考えましょう。

⑨あなたの仕事場で、整理がうまくいっている場所はありますか。あればそれをもとに、整理に関して自分に下した意見を修正してください。あなたはまったくの不精者などではありません！　仕事場の要領を家の中にも応用しましょう。

⑩片づけの時間を確保するため、自分に予約しましょう。本気で手帳に記して、病気で寝込んだりしないかぎり守る、病院や仕事相手と交わすのと同じたぐいの予約と考えましょう。

第3章 収納・整理ガイド

もう、ルールは学びました。散らかしてしまう心理面も学びました。今さら「怠け」の言い訳はやめて、座っていないで、手を汚し始めましょう。

第3章の「収納・整理ガイド」は、あなたの暮らしをダイエットするためのレシピです。料理のレシピと同じで、苦労しないで片づけができるように、必要なすべての材料と整理手順をあげています。これにより片づけがとても簡単になることを保証します。

「はじめに」でも述べましたが、我慢できない所からでも、計画をたてて、順番に始めるのでもけっこうです。好きな所から始めて、とにかく最後までやりとおしてください。あなたをイライラさせ気を狂わせそうにするガラクタが姿を消していくにつれて、新しい「あなた」が姿を現します。それはガラクタから解放され、すっきりした気分のあなたです。おそらくほんのちょっと誇らしげな……。

収納スペース別シンプル片づけ法

クロゼットの片づけ

ここではクロゼットに焦点をあてていますが、もっと広い部屋やスペースの片づけにもあてはまります。散らかりを完全に追い払うには、この方法は、強力な味方です。

とはいえ、うつ状態のときでもなければ、片づけをしたがる人はいませんよね。ですから、自分を気の毒でかわいそうに思うのも、まあいいとしましょう。しかし虫でいっぱいの缶をあけるようなこの仕事に恐怖を感じるのは、あなた一人ではありません。そして得るものは大きく、その達成感はすばらしいものがあるのですから、がんばって。

ダンボール箱を使って、整理する●

〈用意するもの　大きめのダンボール箱4~7個〉

ダンボール箱がいくつ必要になるかは、あなたがこの作業を終えたとき、家からなくせる物の量によります（箱がないことを言い訳のタネにするのなら、大型のゴミ袋で代用可。ただし物は放り込みにくいでしょう）。

決行は、一人でいるときがチャンス！　スペースが必要だということもありますが、ほんとうの理由は一人で決める必要があるからです。捨てるか残すかでみんなの意見を聞いて、よけいな苦労はしないこと。あくまで独断的に。時間がかかるし邪魔も必ず入るので、作業は朝早くから始めましょう。でも、何が大変かと言って、この気乗りしない作業では、「始めること」がいちばんの難題なのです。

まずクロゼットの前に陣取り、できれば自分の前に半円形にダンボール箱を並べます。箱にはマーカーで、次のように書きます。

●捨てるか残すかは一人で決める

①ゴミ
②寄付（バザー、フリーマーケットを含む）
③別の所にしまう
④保留
⑤持ち主に返す
⑥修理
⑦リフォーム

この中に、「納戸か物置に移す」と記した箱が入っていない点に留意。そうではなく、③の箱は例えばクロゼットにリビングのものが入っていた場合に利用します。物をそのまま右から左へ移すような、安易な方法を取ってはいけません。

あなたがしようとしているのは、クロゼットをすっかり空にすることです。物を一つずつ取り出して、該当する箱に投げ入れます。クロゼットにしまうのが妥当な物も取り出し、箱の横の床に置きます。これなら何をクロゼットに残すのかひと目でわかりますし、箱だとそのまま放置できても、床ではその日のうちに処理してしまわなければならないからです。そしてこれでよしとなったら

（空になったクロゼットに浮かれる気持ちは抑えて）、すべての物を適切な所に戻してゆきます。

例えば、スパゲティのシミの消えないセーターが出てきたら、それがよく似合っていたものでも①の「ゴミ」か②の「寄付」の箱に入れます。

息子さんが探しまくっていた旅行かばんが出てきたら、③の「別の所にしまう」の箱に放り込んで、あとでほかのバッグ類と一緒に決めた場所に保管します。3年前に買って箱から出していない掃除機の付属品（付け替え用のノズルなど）が出てきたときは、①の「ゴミ」の箱に。「使わない」ものを処分するのですから、疑問の余地はないはず。簡単な決定ですよね。

出てきたハンドバッグが、自分で決めた数を最終的に越えた場合は、第1章の ルール6 （34ページ）に従って、どれを処分するか決めなくてはなりません。ただし今はしないこと。④の「保留」の箱に入れるだけにして、クロゼットを空にする作業をつづけましょう。

修理が必要なのにそのままにしておいた品物は、ふつう①の「ゴミ」に入れます。しかし⑥のように、修理用の箱を特に設けたときはそこに入れて、あとで必ず修理に出すこと。

繕いやすそあげが必要な衣類も同じで、ため込んだまま、直してくれる人に出会うまで待つという言い訳はいつまでも通用しません。服を⑦の箱へ入れて、作業終了後、リフォーム屋さんを探しましょう（アメリカの場合、電話帳のタウンページで「テーラー」か「ドレスメーカー」で探しています。日本の場合は、タウンページの「洋服直し」で調べてください）。

あるいは、⑦の箱がいっぱいになったときは、直すと費用がいくらかかるかを考え、これまでなくても困らなかったのだからと割り切って、箱の表書きを「寄付」に変える手もあります。

自分のではなく家族の物は、いつも④の「保留」に入れないこと。でないと、この作業が無意味になります。あなたの家族は、ガラクタ減らしや整理に関心をもっていないかもしれません。ですから、家族の持ち物にもあなたと同じルールを適用していってください。

ささいなことですが、何年もたったあと、子どもたちから電車のセット、ミッキーマウス・クラブの会員証、ポール・マッカートニーの写真を捨てられ、生涯ぬぐいがたい心理的ダメージを与えられたと非難されるかもしれません。こんな文句を言わせず公明正大にやりたければ、作業開始の1、2週間前に、使われていない物は誰のものであれ処分するつもりだと警告しておきましょう。このとき、あなたが作業にとりかかるまでなら、欲しいものは何でももっていってかまわないと、穏やかに保証します。持っていかないなら、捨てられたりよそにあげられたりしても、文句を言う権利はないということです。

ご推察のとおり、この猶予期間にクロゼットの中をしっかり見ておこうとする人は、まずいません。これであなたに決定権が生じ、家族の物の区分けや処分が、気分的にも楽にできるようになります。

しかし、物を捨てることは難しいものです。よき思い出の詰まった貴重な物を、手放す決心がどんなに大変か。次は、決心を助けるためのガイドラインです。

保存の仕方を考える

思い出深い物は、残したほうが無難です。とはいえ限界はあります。ウエディング・ドレスを他人にあげてしまっても、自分の結婚式を忘れることはありません。

また、保存の仕方もいろいろです。例えば、20年以上1度も使っていない大学時代のテニス・ラケットは、それを腕に抱いて写真撮影をしてから、誰か使ってくれる人にあげます。

●思い出の品は写真に撮ってアルバムに

一大決心で物を捨てる

思い切って捨てなければ、片づけを終えても始めたときと同じ数の物が残ってしまいます。家のあちこちにガラクタが分散しただけで、減ったことにはなりません。片づけ大成功！　と喝采するのは、残念ながら無理です。

手放せなくなったら原点に戻ってみる

次々と手放したくない物が出てきて、そのためならルールを破ってもいいと思い始めたら、そもそもこの作業を始めたわけをもう一度、考えてみてください——ガラクタに悩まされてきた。今も悩まされている。そしてこれからも悩まされつづけることだろう。

わたしたちを信じてください。処分したあとで悔やむことはありません。今回クロゼットから取り出すまで、長年思い出しもしなかったのですよ。なら、明日はもう二度と思いだすことはありません。ほんとうに。

クロゼットを空にしたら、箱の中身を移動させたり、物を戻し始めたりする前に、④の箱に注目してください。この「保留」の箱は、最後まで手をつけてはいけません。中を見たら、まるごと押し入れに戻したくなるからです。中身はあとで、どこか違うところで活用できるよう、躊躇なく別の箱に移し替えることができますように。

それではここにある、箱の中身を最適な場所に移動しましょう。

②の「寄付」用の箱は、受け取り相手が取りに来てくれる場合は、電話をして日時を決めます。そうでない場合は今、寄付を受け付けてくれる所へ車で運びます。物置に積まないこと。でないと遅かれ早かれ中に何が入っているか誰にもわからなくなり、同じ作業をやり直すか、あなたが一度

した決定をまたほかの人がしなければなりません。

③の「よその所にしまう」の箱にとりかかったら、それぞれあるべき所に振り分けます。すると、どこかよその場所があふれ返って、まごつくことがあります。それでかまいません。そこは次回、しようと思ったときに取り組めばいいのです。

こうして箱を（④の「保留」も含めて）全部処理できたら、床の上にある残ったものをクロゼットに戻します。この作業を最後にまわす理由は、これがいちばん楽な仕事だからです。しかし戻し方にもルールはあります。

収納のしかたによって、毎朝の着替えにかかる時間が違います。そこでまず、上着とボトムを別々に。そのうえでスカート、パンツ、ジャケット、アクセサリーといった物を同種ごとにまとめます。ハンガーを使う際は、カギの部分の向きを同じにすると使いやすいでしょう。あまったハンガーは捨てるか、地元の中古品店をとおして再利用してください（日本ではクリーニング店で回収しているところがあります）。

収納を助ける工夫と製品●

せっかくクロゼットを整理したのですから、収納に役立つ方法も、いくつか紹介します。

〔ハンガー用ポールを追加する〕

このごろのクロゼットには、高さを変えた2本目のハンガー用ポールがついている場合が多いのですが、ない場合はそれを自分で取りつけます。ここにはシャツ、ジャケット、丈の短い衣類を下げるようにします。

ハンガー用ポールが1本の場合、たいてい下にポールを1本加える余裕があるので、そこの寸法を測って日曜大工店に行きます。どのようにつけるかスケッチを持っていって店員に見せれば、必要なものすべてを買いそろえて帰宅することができます。あとはドリルとねじ回しでつけるだけ。出来合いの補充用ポールも売られています（日本では、つっぱり棒があります）。

●片づけ前　●片づけた後!!

〔ハンガー用フックをつける〕

ハンガー用フックはできるだけ多くつけて、まだ洗濯しなくてもいい衣類やパジャマ、お気に入りのベルト、スカーフ、バッグ、バスローブなどを掛けられるようにします。子ども用クロゼットにもお忘れなく。

〈バスケット、カラーボックスを置く〉

2本目のポールをつける代わりに、重ね置き可能の通気性のよいプラスチックバスケットを置き、たたんでしまうTシャツや、下着から靴までしまいます。

カラーボックスも、何でも入れられて便利です。また背の高いバスケットを用意して、ドライ・クリーニングに出す服専用の入れ物にしておけば、出す間際にあわてないですみます。

〈棚を追加する〉

クロゼットに余裕があれば、高い所に1段、棚をつけましょう。ここはクリスマス・デコレーションや、夏には冬服、冬は夏服の置き場所として最適です。

縦長の細めのクロゼットにもいくつか棚をつけると、収納場所がグンと増えます。ほうきやモップなど、丈の長いものをしまう必要があっても、それらの丈よりも高い所に上から下まで棚を取り付け、ほうき、モップなどはとびらの裏側のほうに引っかけることもできます。また、掃除道具をしまう代わりに食品置き場として利用したければ、それも可能です。

いったん整理してしまうと、ほとんど空のように見えるクロゼットもあるでしょう。探している物が見つかるなら、自分の「巣」を整理した甲斐があったというものです。

戸棚と引き出しの片づけ

初めに戸棚の収納、次に引き出しの収納について説明します。戸棚にあてはまることは引き出しにもあてはまりますから、引き出しの収納にだけ関心があっても、戸棚のほうも読んで参考にしてください。

戸棚も引き出しもいちばん多いのがキッチンなので、ここでは主にキッチンを例に話を進めていきますが、家じゅうの戸棚や引き出しに、この整理の考え方をあてはめることができます。

戸棚には似たもの同士を一緒に収納する●

収納の専門家はよく、戸棚も引き出しの中も、似たもの同士をまとめるように勧めます。しかし、例えば砂糖。あなたのキッチンに砂糖とそっくりの物はありません。そこで整理の第一段階は、ふだん使っている「同類」の定義を広くすることから始めましょう。

小麦粉と砂糖はどちらも基礎食品なので「同類」と決めていいでしょう。また砂糖をコーヒーと一緒に収納するのも正解。関連して思い浮かぶので、「同類」度が高いのです。砂糖のとなりにシ

●整理しておけば、無駄に買わずにすむ

リアルを置いている人も合格です。わかりましたか。あなたにぴったりの組み合わせを連想すればいいのです。

ごくふつうにまとめるなら、小麦粉と砂糖のような基礎食品を一緒に収納し、缶詰類はまとめてから、さらにスープやその他に分類します。米、乾燥豆、マカロニ、スパゲッティなどの乾物類は同類。サラダドレッシング、ソース類など容器入り調理食品もひとくくりに。そして戸棚に入れます。

忘れてならないのは、柔軟性をもたせることで、コーヒーメーカーを部屋の向こう側に置いているなら、コーヒーマグを水飲み用のグラスと同じ戸棚にしまう必要はありません。マグはコーヒーメーカーに近い戸棚に入れましょう。

このように、似たものではなく一緒に使う物をまとめる収納もけっこうです。料理別に使う食材をまとめるならトマト・ペースト、トマト・ソース、オレガノ、そしてパスタを。バーベキューで使う材料、用具もそれぞれ一緒にして。食品以外のものでも、洗車に使うワックス、クレンザー、ぞうきん、スポンジは洗い桶やバケツにまとめておくなど。

一緒に置くものの判断がつくようになったら、次はまとめたもののとなりには何が置けるか、さらに同類の定義を広げます。小麦粉と砂糖のとなりに何を置くかというように。ここでも、あなたにピンとくる判断をすることです。使う回数やサイズを考えながら、あなたに合うように戸棚や引き出しの中の物をまとめていきましょう。

特等席に置くものは何か●

同じ戸棚の中でも序列があります。第1章のルール3（28ページ）で述べたように、よく使う物は便利な場所に置くようにします。

収納の特等席は、よく見えていちばん楽に出し入れができる場所です。出し入れすると背中の筋をちがえてしまうような場所は絶対に特等席とは言えません。例えば、わたしの母がやっているのですが、テレビを動かさないと掃除機が取れないような不便な所というのも。

目の高さの棚が特等席で、それより上や下にいくにつれて、そのぶん便利度が落ちます。これは引き出しも同じで、下にいくにつれて不便になります。キッチンの調理台の上の棚や、バ

●目の高さの棚がいちばん使いやすい

スルームの造り棚はおあつらえの収納スペースです。

まず、いちばんよく使うものを特等席に配置します。例えばよく使う乾燥食品にはいちばんよい場所が割り当てられるべきです。皿やグラス、深鍋や浅鍋のように毎日使うものも同様。スフレ専用の壊れやすいキャセロールや、年に一度作るか作らないかのチリ用の鍋などは置かないこと。

出しっ放しの品物は厳しくチェックしてください。14段切り替えターボミキサーを最後に使ったのはいつでしたっけ。何か月も前のことなら、ほかの忘れられた器具と一緒に「冷遇」所に入れましょう。

整理の基準は用途だけに置いて、形は考慮しないこと。見た目がいいからと、めったに使われないものを入れたキャニスター（お茶の葉などを保存するふた付きの容器）などをカウンターの上に置いてはいけません。ガラクタが増えるだけです。使う頻度が少ないものを入れた容器は、戸棚のもっと上段か下段に置きましょう。もしキャニスターを気に入っていて見えない所に片づけたくなければ、家族の好きな物を入れて利用します。粉、砂糖、コーヒー、紅茶などと容器に名前が入っていたら無視するか、名前の面を壁側に向けましょう。

●サイズは最後に考える

最後に、品物の高さと大きさを考えて並べます。これはみんなで写真を撮るとき、全員が写るよ

●サイズを考えて収納する

うに背の低い人を前にするのと同じ理由です。大きなかさばるものは後方に、低いものは手前に並べるようにしましょう。こうすると探す物が一目瞭然で、何かをとるために棚の半分の物を動かしたりしないですみます（次項の「雛段のような棚を利用する」を参照）。

これが思ったより難しいのは、整理するものの高さがみなそれほど変わらないからです。背の高いものが多くて低いものがわずかな場合は、高いものは後ろ側と一方の横側、あるいは両側において中心部分だけを低いもの用とします。

●雛段型の棚は奥のものがよく見える

戸棚を使いやすくするスグレもの●

戸棚の収納能力を高めたり物をきちんと収めておくのに役立つ製品を次に紹介します。

〔雛段のような棚を利用する〕

奥の物が見えるように、お雛さまを飾る壇のような、段になっている棚を買うか作るかして、缶詰め、ビン詰めを並べます。後ろの人の顔が前にいる人の頭ごしに見えるのと似ています。

〔とびらの裏側にワイヤ棚をつける〕

戸棚のとびらの裏側にも棚があると便利です。例えばシンク下の戸棚のとびらの内側にワイヤ棚があれば、食器用洗剤などを収納しておけます。カウンターの上に置きっぱなしにして乱雑にならないよう、使ったあとここにしまうようにします。

〔回転盆を利用する〕

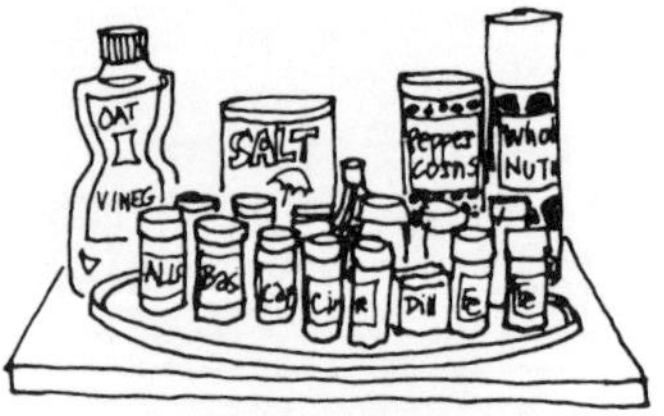

●調味料は回転盆に乗せてしまう

キッチンに新たな棚（91ページの「調味料・香辛料用にもう一つの棚をつける」を参照）を作れないとき、食器戸棚のいちばん手を伸ばしやすい段の手前側に回転盆を置きます。後ろのものを取るときにぶつけて、回転盆に乗せた調味料や香辛料のビンを倒してしまわないように、上下の棚板の間隔は広めに設定します。置くものはビンだけにして、小皿やカップは乗せません。そうすれば、片づいたままでいます。

回転盆はバスルームの戸棚にも便利です。化粧キャビネットに入りきれないものを置いて、洗面台の下に置くといいでしょう。また、家族の誰かさんが使っている数知れない化粧品やパウダー、ほかに軟膏や湿布薬、きず薬などを乗せて、その人専用で使わせてあげるのも一法です。

引き出しを整理する●

引き出しは、すぐにごちゃごちゃになりがち。このうれしくない結果をもたらす理由の一つに、引き出しが物の自動詰め込み場所のような、ピシャッと閉めるたびに中の物が奥にずれてしまう造りだということがあげられます。中身をつねに手前に戻しておかないと、そのうち忘れてしまいます。その結果、やがて奥の物は、前の物が後ろにずれるのを防ぐ役目をしてくれるようにはなりますが……。

また引き出しは、戸棚と違ってあけても（開くとしての話ですが）入らない物が落ちたりしないので、限度以上に詰め込んでしまいがちです。ですからなおさら引き出しをきちんとすることが大事です。

まず同類の物をまとめるには、戸棚で説明したようにします。いちばんよく使う物は引き出しの特等席に置いてください。引き出しには柄《え》のついた調理器具をしまう場合が多いものですが、柄

●引き出しは間仕切りトレイを活用

の形だけではどれがどれだか見分けにくいものです。そこで柄を奥にして収納すると、目当てのものが楽に見つかります。似たような柄のフライ返しと取り分け用スプーンの区別もすぐつきます。

引き出しを使いやすくするスグレもの●

次にあげるのは、物を合理的に収納し、かつ中の物を見つけやすくするための工夫です。

〔間仕切りをつける〕

ナイフやフォークを収納する場合にかぎらず、引き出しには間仕切りがあると便利です。間仕切りをつければ、きちんと整理された状態で置いておけるうえ、入れるのに時間がかからず、物を奥に押し込んだりもしなくてすみます。

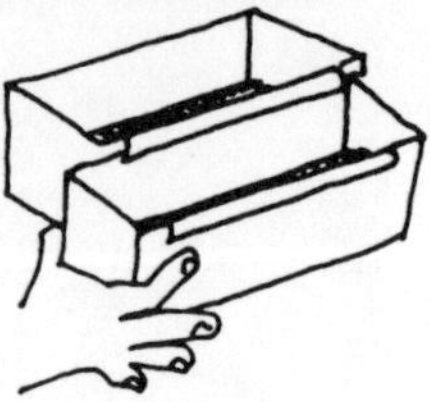

●小物はプラスチックの箱に入れてから収納

〔プラスチックの箱で分類する〕

プラスチックでできた箱の形をした収納ケースは、引き出しに入れて物を仕分けるのに重宝します。例えばキッチンの引き出しですが、中を整理すると、雑多な物に混じってネジ回しまで出てきたりします。肝心の調理用品が迷子にならないように、菓子作りの小さな調理道具などはこのプラスチックケースに入れてから引き出しに戻しましょう。ペンや鉛筆、その他の物も、これに入れて机の引き出しにしまいます。大きめのケースなら、衣類用の引き出しに入れて、ソックスとTシャツの整理にも使えます。

戸棚、引き出しに代わる収納グッズ●

戸棚や引き出しの働きをする、こんな収納方法もあります。

〈調味料・香辛料用にもう一つの棚をつける〉

調理していて、使いたい調味料や香辛料が楽に見つかるように、ビンを一列に置ける棚を調理台に近い壁面につけます。ビンの置き方は、食品店でアルファベット順に配置されているビンが見つけやすいことをヒントに並べましょう。回転盆（前出88ページ）に並べる方法もあります。

〈小さなバスケットを引き出しの代わりに置く〉

キッチンの調理台に小さなバスケットを置いておくと、お店のサービス券などを入れるのに便利です。ただし、バスケットは病みつきになる人がいて、そうなると便利な収納グッズがたちまちガラクタ入れに変身してしまうので、ご注意を。

〔バスルームには小型の物入れを用意する〕

シャワーヘッドを固定する箇所に小型の物入れをつるし、せっけん、シャンプー類を入れ、タオルをかけます。壁にせっけんや水はねの跡が残らないように、毎日使うバスブラシの置き場もこれでできました。

●バスルームの収納グッズ

化粧キャビネットを整理する

化粧キャビネットは、まるで昔はやった「ホテル・カリフォルニア」の歌詞のようです。「チェックインはすれども、チェックアウトはせず」。それもそのはず、みな鏡の裏に隠せてしまえるからで、古くなった物は何が何やら……。しかし整理のときがきたら、次のアドバイスをどうぞ。

処方薬を管理する●

化粧キャビネットに薬箱をしまっていたら（日本では他所に収納する場合が多いようですが薬箱の整理法は同じです）、その中から期限の過ぎた処方薬を取り出します。が、捨てるのはちょっと待って。容器に書かれている内容を書き写すのが先です。

病歴を記録するのにはちゃんとした意味があります。例えばそれがあれば、過去にどの薬に効果があって、どれになかったかを医者に伝えることができます。あるいは将来、処方箋を書き換えるとき必要になるかもしれません。ですから処方薬の名前と日付けは記録して保存しておきましょう。しかし期限の切れた薬そのものや、とってあったかわいい空の薬ビンは論外です。

処方薬の内容は、記録用ファイルに書き写します。ファイルは、家庭用のファイル・キャビネットに保管してください。記録内容は左記のような表にすると見やすくなります。

必要に応じて副作用、値段も記入してください。内容を書き移してしまったら、容器を捨てます。

処方薬の備忘録

患者名	処方日	投薬名	適用	医師名	処方薬局 （アメリカでは医師名を記入）	用法	番号
父	00.9.1	Voltaren	筋肉痛	H.Friedman	Cortese	2回/日	#282317

香水などの整理と置き場所●

化粧キャビネットの定番は、半分しか使っていないコロンや香水、アフターシェーヴィング・ローションなど、捨てきれずにいるものです。問題は、場所ふさぎになっているほかに、それさえなければ感じのいいあなたが、保存に耐えうる年限を過ぎてしまった香水の臭気を振り撒きながら、得意げに歩き回ってしまうことです。

メーカーの人の話では、香水は開封したあと、1年ほどなら置いても大丈夫だそうです。しかし1年たつと、調合成分が容器の中で酸化し始めます。封を切らなければ2年はもちます。さらに温度が低ければ、芳香成分の化学的劣化を遅らせることができるので、冷蔵庫で保管すれば3年は大丈夫。直接、間接の日光にあてないことも大切です。

ですから、化粧台やカウンター（の、特に窓に近い所）に置かれたままの香水は、酸化が早まる最たるものです。

保存期限がすぎた香料は捨てましょう。酸化させないよう、必要以上の数は持たないことです。今使っているものがあるのにプレゼントでもらったら、冷蔵庫に（箱に入れたまま、子どもの手の届かない所に）しまいましょう。フリーザーは避けてください。凍ると化学成分が変化することがあります。

●化粧品の整理としまい方

化粧品は物によって、保存のきく期間が6か月から数年とさまざまです。専門家の話では、保存期限がいちばん短いのはマスカラなどアイ・メイクの化粧品だそうです。対して水分の少ない化粧品（口紅など）は長持ちします。化粧品に類する製品で数年もつものはマウスウォッシュ、歯みがき粉、ワセリン、シャンプー、ヘアスプレー、日焼け用ローション、消毒用アルコールなどです。

最近の製品は、容器に使用期限が記されています。どんな製品でも、適切な注意を払うことで、使用期限までの有効性が保証されているわけです。芳香剤のところでも話しましたが、涼しくて陽があたらず、そのうえ使いやすい所に置くようにしましょう。

長持ちをさせたいなら、軟膏のビンに指を入れる前に手を洗うことです。マウスウォッシュを直接ビンから口に含んだり、アイ・ライナーなどの化粧品をつばで湿らせて使用すると、当然つばが混じって、品質の低下がはやくなります。蓋があけっ放しでいつも空気にさらされているものも、その分だけはやく悪くなります。

腐敗は、いやな臭いや油分の分離、剥離、変色などでわかります。ただし変色がすべて、使用期限が過ぎたことを示すものではありません（特にサンスクリーン類）。

化粧キャビネットから期限切れのものや腐敗して使えなくなったものを除いたら、次は新しくても使っていないベタつくヘアトリートメントとか、使ったらひどい色だったメイクアップ用化粧品の整理を考えましょう。おそらく3平方センチあたりに置かれた物の価格を考えると、化粧キャビネットがほかのどこよりもいちばん高いことでしょう。ですから、片づけのルールをあてはめて、実際に使って、役に立つものだけを残すようにします。

しまう物のうち、関連性のあるものをキャビネットの同じ側に保管します。つまりヘアブラシ、くし、ヘアスプレー、ムース、ヘアカラー、ヘアレストラー（修復液）は、すべて同じ側に（とびらが2つ以上の場合、同じとびらのほうへ）。同じようにコンタクトレンズ・クリーナー、生理食塩水、レンズ用容器は反対側にしまいます。

また、あなたが身支度する順序も考えて収納します。例えば、髪を整えてからデオドラントをつけて、それから香水をつけるとしたら、あちこち振り向かなくてすむように置き場所を順に並べていきます。

最終的に残った品物があれば、「戸棚と引き出しの片づけ」（83ページ）のしまい方を参考にしてください。

なくしては困るもの、取っておきたいもの

増えすぎたコレクションの整理術

コレクションの誕生!!

命をもたない品物が、生き物のように子どもを産むのにはびっくりさせられます。1匹のカエルが本立てのわきにのんびり座っていたと思うと、時間とともに姿も大きさもさまざまなカエルが増えて、コレクションと呼ばれるほどになってしまいます。あなたがしたことと言えば、数年前の休みの日に、骨董品屋で陶製の小さなカエルを1つ買ったことだけなのに、それがどんどん増えてしまったのです。

友人たちが本立てのとなりのカエルに目をとめて、あなたへのクリスマス・プレゼントにしたのでした。

あなたは2匹目のカエルを受け取り（ほかにどうしろと?）、先代のカエルのとなりに座らせます。

2匹が並んで座っていると、あなたのためにカエルを買おうとする人が2倍に増えます。カエルの数が増加して、いつのまにか6月の池よりもあなたのカエルのほうが多くなり、しかもその大半は、最初のカエルとは似ても似つかないものばかり。

いったんどこかの場所に収まると、この手のコレクションは自己主張を始めます。一定の数になれば、持ち主も彼らに一目置くようになってきますが、実際はホコリ払いと拭き掃除が必要になるだけのこと。しかも一つずつ手に取らないときれいにならないので、手早くはいきません。こうなると当初のデザインへのこだわりはどこへやら、正真正銘のガラクタになってしまいます。

こういうときは、バザーやガレージセールに出すか、コレクションを養護施設やリハビリ施設などに寄付しましょう。1か所にあげるには多すぎる場合、2分の1から3分の2ずつにコレクションを分け、そのあとで良さをわかってくれそうな人たちに、「お分けしたい」と伝えます。「カエルはもう集めていないので」と言い添えるのもお忘れなく。

もしカエルたちを愛していたなら●

コレクションがあなたにとって誇りであり喜びならば、今述べた方法をあてはめることは当然できません。ほかの人の目にはガラクタと映るかもしれませんが、他人がどう思おうと、気にすることはないのです。

陳列ケースに入れると、ホコリを被ったり汚れたりしないので、コレクションを大切に保護しておく（それに、まとめておく）ことができます。

ファイル・キャビネットを使いこなす

第1章の ルール7 （36ページ）で紹介したファイル・キャビネットについて、ここではハンギング・ファイルを用いた上手な使い方を紹介します。
最近の机にはたいてい、ハンギング・ファイルをしまえるようにデザインされた引き出しが1つや2つはついています。なかにはファイル・キャビネットつきのものもあるので、もし机とファイル・キャビネットの両方を買うつもりなら、まずは机を見てください。なおファイル・キャビネットの選び方については、もう一度 ルール7 をどうぞ。

ハンギング・ファイルを取り付ける●

机のある人は、新しく用意したファイル・キャビネットを机のすぐわきに置きます。椅子に座ったまま開け閉めができる所にしてください。

このファイル法になくてはならないものは、セットで売られているハンギング・ファイルです。ハンギング・ファイルは両端に「耳」状の金属突起がついていて、その耳がキャビネットの両脇の細いレールに乗って、スムーズに動くようになっています。最近のファイル・キャビネットには、

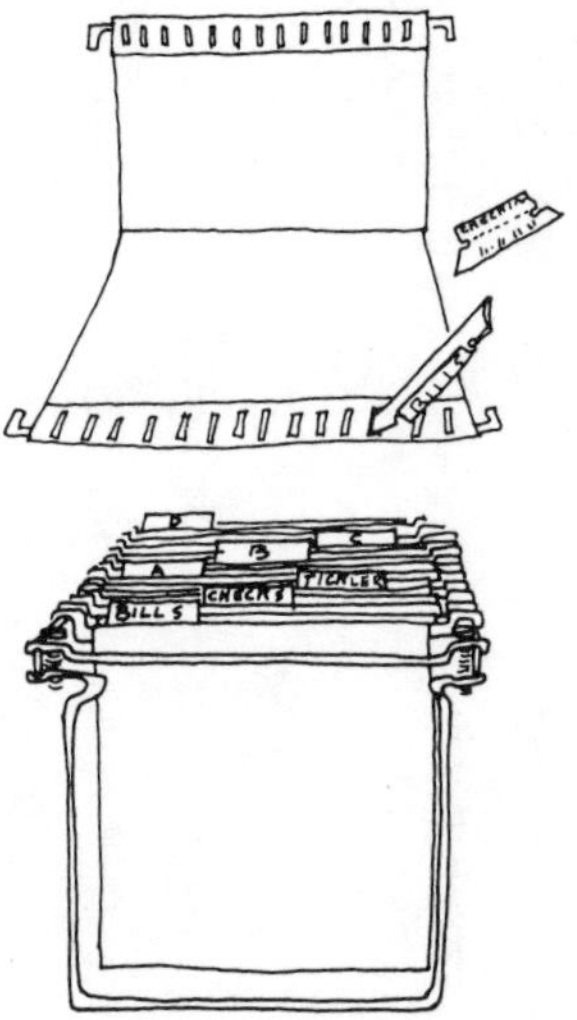

こうしたレールがついているものもありますが、もしついていなくても簡単に取り付けることができます。

上手なファイルのしかた●

ふだんはABC順にこだわらないで、使用目的に合わせてファイルしましょう。

ファイル・キャビネットが2段の場合、いちばんよく使うファイルは上の引き出しの手前に置きます。例えば「請求書」や、預金関係などです。使う回数が少ない古い確定申告書や保険証券類などは、奥のほうに入れます。いちばん奥は出し入れが大変なので（特に全部引き出せない型のキャビネットを使っている場合）、めったに使わないかさばるファイルを入れることになります。

ちなみにわたしは、まだ整理していない写真をここにファイルしています。新たに写真を加えるときは、その手前まで引き出せば十分ですし、かさばったファイルがあるおかげで、手前のファイルが後ろにずれ込まずにいます。

一度にたくさんのファイルを作ってしまうと、目的別のファイル分けがしにくくなってくるので、こんなときは使用目的とABC順を組み合わせた方法が便利です。めったに使わないファイルはABC順にして引き出しの奥に、現在活躍中の頻度の高いファイルは手前に入れましょう。

では、あなたのものをファイルに分類してみましょう。いくつかヒントを提示します。しかしまだ、最終決定をする必要はありません。

まずキャビネットに収納したいものを全部集めます。それぞれを、自分で作ろうと思う項目別にまとめます。

ハンギング・ファイルには、厚さが標準型（最大約2センチの書類が入る）か、ワイド・ボトム型（最大約5センチの書類が入る）の2種類がありますが、入りきれないものを無理に押し込むと、はみ出て開け閉

めのときにこすれます。ファイルからはみ出たもののために、ほかのファイルのラベルが読みにくくなることもあるので、分類の途中で書類の厚さが限度を超えるようなら、2つか3つの小さな束に分けましょう。

例えば請求書を、どれも「請求書」ファイル1つに入れると詰め込みすぎになりがちなので、別のファイル「クレジット・カードの利用明細書」を作るといった具合です。そうすれば、ほかの分はたいてい「請求書」ファイルにまとまります。

このあと、ごく簡単な見出しを紙ラベルに書いて、ハンギング・ファイルとセットになっている分類用タグに差し込みます。プラスチック製のこのタグには2つの耳がついていて、ハンギング・ファイルの上にある穴にはめ込むようになっています。引き出しをあけたとき、どのラベルも見えるように、タグはそれぞれ位置をずらして差し込みましょう。

あまったファイルは、白紙のラベルを入れたままファイル・キャビネットの奥に入れておけば、必要なときにすぐ新しいファイルが作れるので、別の場所にガラクタの山を増やさないですみます。

●使い勝手のよいファイル名のつけ方●

●保険証書、遺言書、その他の重要書類（できれば貸し金庫にオリジナルを保管して、そのコピーを保存する）

●切り抜き記事（まだ読んでいない記事。読み終えて保存したい記事はテーマ別に分類してファイル。例えば「ガーデン」など）

●車

●請求書

●カタログ

●通信

●クーポン券

●フロッピー・ディスク

●ユーモア（読み返して楽しめるファイル）

●家族名をつけたファイル（家族個々人の記録を控えたファイル）

●使用説明書

●私事

●写真（アルバムに整理する前の写真）

●商品資料

●預貯金

●学校のプリント

●切手
●文房具
●税関係（124ページ「税関係、控除証明書などの書類の保存」参照）
●今後の予定、計画
●未分類ファイル（ファイル先が決まらないものはここへ。ただし手におえなくなってしまわないように、定期的に点検）
●備忘録（カレンダーに記した事柄に関連する書類を入れるファイル。その月に予定しているホーム・パーティに関するメモは、時間や相手の住所がすぐにわかるように。その月の、人と会う約束をうっかり忘れないためのメモとリストを入れるには最適な場所）

●ファイル名をどうつけるかはポイントのひとつ

ファイル・キャビネットに余裕があれば、予備の電池、テープ、ペンと鉛筆など、お定まり以外のものもすっきりとファイルに収まります。しかも名前でファイルしておけるので、どこにしまったか楽に見つけ出せます。手元に置きたい辞書や写真アルバムだってファイルできます。想像力を働かせれば、ファイルは大変役に立つのです。

しかし「いろいろ」のようなファイルはないことにご注意を。そうでないと、ガラクタの詰まった引き出しと全然変わらないものになってしまいますから。万一作ることがあれば、不要になったものを定期的に取り除くこと。

もしわたしたちの分類名にピンと来ないときは、あなたに「ひらめいた」アイディアを使ってください。こうして作られるファイル名のほうが、時にはふさわしいこともあります。システムの価値は何かをすぐ取り出せることにあり、名前そのものや場所の問題ではありません。ですからファイルには、あなたがすぐわかる名前をつけましょう。

企業の事務職の人はたいていファイルする書類を、項目ごとに茶色のマニラ封筒に入れてからハンギング・ファイルに収めています。これにはもっともな理由があって、ハンギング・ファイルを直接出し入れするより、マニラ封筒のほうが楽にできるからです。それに分類ラベルがついたハンギング・ファイルはもとの場所のままなので、マニラ封筒を戻す場所がすぐわかる利点もあります。

さらに便利なことに、マニラ封筒を使うと1つのハンギング・ファイルをいくつかの小さな項目に分けて利用できます。例えば「車」のファイルで「領収書」「見積り」「説明書」「保険証書」を別々のマニラ封筒に保管できます。あるいは「請求書」ファイルを支払い先ごとに分けることもできます（「電話」「公共料金」「ゴミ」「水道」など）。

ハンギング・ファイルがごちゃごちゃしすぎてきたらマニラ封筒の出番ですよ。

書類机のないときのファイルのアイディア●

もしもあなたが机代わりにダイニング・テーブルを使っていて、ファイル・キャビネットがすぐそばにない場合は、伸縮式のファイル・ホールダーを用意して、そこにふだん使う「請求書」「会う約束」「預金通帳」などのファイルを全部入れておきます。そして必要になったら、そのファイル・ホールダーごとテーブルに運びます。

これでファイル・キャビネットまで何度も行き来してイライラすることもないし、必要な書類がすべて手元にそろいます。

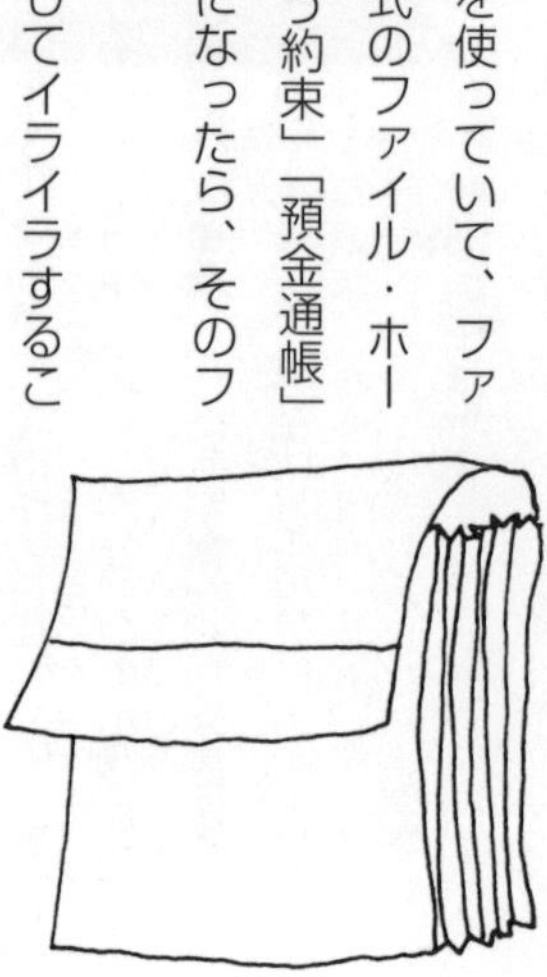

カギはどこに置くか

この問題はあっという間に片づいてしまうので、今直面している収納や整理といった、もっと難しい問題にも挑戦しようという気が起きるかもしれません。

カギ用のフックをつける●

作業は、あなたが家に入って最初に立ち止まる場所の近くに、ネジ式のフックを1つ（ほかにも必要な家族がいたら複数個を）取り付けることです。たいていはキッチンに取り付けますが、駐車場から入るドアの内側や、盗難防止の警報器のとなりも考えられます。

次に考えられるのは、玄関ドアをあけて入ったすぐ横です。しかしここにカギをつるす欠点は、ふつう家に入るときは食料品や何かで両腕がふさがっていることが多く、それを降ろしてからでないとカギをつるせない点です。結局しかるべき所に荷物を置いてから、玄関のその場所まで出直すことになります。大切なのは、便利で実際に利用されなければ意味はないということをお忘れなく。

このフックが頻繁に使われるようだと、何かしっかりしたものに取り付ける必要が出てきます。数日でガタがきても、直すと言っているうちに1年がたってしまいそう。そうならないように、キッチンの入り口ドアの額縁（ドアとの境にある壁側の木枠）に直接フックをつけてみましょう。木にひびを入れないで楽に取り付けられるように、あらかじめドリルで小さめの穴をあけます。フックはドアに直接つけないこと。開け閉めのときにカギが飛んでしまいます。

もしプラスター・ボード（石膏ボード）にフックをつけるなら、壁の裏側にある間柱に、せめて1センチ以上は食い込む長さのネジがついたフックを選びます。しかしそれだけでは安定しないので、10×15センチくらいの木片を、できればトグル・ボルト（脚を閉じたまま穴を通すと、通過したあとに脚が開いて動かなくなるボルト）か、中空壁用の留め金（どこの金具店でも入手可）で取り付け、そのあとフックをその板に取り付けるようにしましょう。この木板があると、カギがあたって壁の塗料がはげてしまうのも防げます。

ホームセンターやギフト・ショップでは、カギ用フックのついた木製の飾り棚が売られています。プロのインテリア・デザイナーなら選んだりしないでしょうが、あなたの気に入ったものがあったなら、それを簡単なカギの保管方法とすることもできます。

カギ用のフックを取り付けてからも保管がうまくいかないようなら、フックの取り付け場所が間違っているということです。家に入ってまだカギが手の中にあるうちに、避けて通れない所に移しましょう。意識的にフックを利用する習慣をつければ、この問題に煩わされることは一生ないでしょう。

いらなくなった本はどうすればよいか●

「ナショナル・ジオグラフィック」は、政府が発行している雑誌で、1994年秋の時点でおよそ40億部が印刷されました。知り合いのガレージには、今でも全号そろっています。たしかに1冊でも捨てようものなら罪悪感にとらわれるほど、美を見事に写真化した雑誌です。

しかしどんなにすばらしいものでも、次の落ち着き先を探す日はくるものです。決断するときは、気を大きくもって。地元の図書館に入るかもしれないと考えて、慰めにしましょう。

先日ある地方の新聞に、読者からの投書が載っていました。彼女は古い「ナショナル・ジオグラフィック」と地図を、どこに持っていけばいいかと尋ねていました。たくさんある返答の中からいくつかご紹介します。

●特殊教育クラスや英語を外国語として学ぶクラスに寄付する。
●本、地図を自分の部屋や子ども部屋の壁紙などに使う。
●古本屋に売る。
●地元の図書館に寄付する。
●バザーで役立ててもらう。
●地図は、中学校の地理や歴史の先生に寄付すると、授業の視覚教材として喜んで使ってもらえる。

自分で教材を買っている教師に喜ばれるだろうし、雑誌に関心を示す学校もあるだろう。

どうも、雑誌や地図の新しい落ち着き先には、地元の学校に電話をしてみるのがよさそうです。それが不都合なら、地元の新聞やタウン情報誌の読者欄で提供を申し出ます。たぶん、対応に忙殺されてしまうほど反響があるでしょう。

ナショナル・ジオグラフィック社に電話をして、よい嫁ぎ先のアイディアを尋ねてみました。地元の学校、図書館、刑務所、病院、養老院、福祉施設などに連絡するとよいということでした。

わたしの外国から来ている友人は、地元の領事館を通じて、出身国の図書館にかなり大量の所蔵図書を送りました。処分したい本があるなら数か国の領事館に電話をして、関心があるかどうか尋ねます。国外へ送るとなれば、発送費も頼んでみましょう。

紙を減らす

家に忍び込む紙類をどう処理するか●

手紙やＤＭ、広告など、紙で届くものは処理しやすいと思われるかもしれません。けれども紙は、白昼堂々玄関から入ってきます。ネズミみたいにコソコソしません。ひょっとするとネズミ退治のほうが楽かもしれません。ワナを仕掛けたりできるのですから。

手紙や書類に印刷された文字は大切な気がして、すぐれた判断力をもっている人でさえ、決断を先延ばしにする要因になりがちです。郵便物が届いたらすぐに仕分けをして、いらないものはその場で捨ててしまいましょう。また不要な郵便物が送られてこないよう手を打ちます（140ページの「ダイレクト・メールを減らす方法」を参照）。

●郵便物は届いたときに
「捨てる」決断を

次に、手元に残した郵便物を区分けして、さらに不要のものをゴミ箱に捨てます。くれぐれもカウンターの上に「とりあえず今だけ」と乗せないこと。処分してもあとで後悔することは、まずないものです。

郵便物には、請求書も混じって届きます。その手のものを手にしたら、すぐにファイル・キャビネットの「請求書」ファイルに入れてください。あなた宛のさまざまな案内状にもその場で出欠を決めて、出かけるならカレンダーに印をつけ、「備忘録」ファイルに招待状を入れます。招待状があなたのつれ合いや子ども宛ならテーブルに乗せておいて、夕食のときに返事を聞きましょう。それによってファイルするなり捨てるなりしてください。

もし大切な人からの手紙が届く幸運に恵まれたら、内容を読んでから「通信」ファイルに入れます。興味をひかれた雑誌類は、自分がいつも座る場所のそばに置いておき、時間のあるときに読みます。

購読している雑誌に目を通す暇がない場合は解約を。購入しているのは、興味や知りたい記事があるからです。それを読む時間がないとなると、あせりが出てきます。解約すれば罪悪感を捨てられるし、年にいくらかのお金の節約にもなります。

反対に雑誌が読めるなら、面白いと思った記事は切り抜き、残りは資源ゴミなどに出して、家の中に本の山ができてしまわないように気をつけましょう。まだ読んでいない記事はファイルをして、暇なときに読みます。時間ができてその気が起きたときに記事のファイルを読むのは楽しいものです。すばらしい記事にも出合うでしょう。

記事は読んだら捨てるか、誰かにあげるか、自分でつけた分類名（例、「ネコ」「食事」「家」など）に従って恒久的にファイルするかします。

また手紙については、誰も全部捨ててしまうようなことはしないでしょうが、返事を書いたらできるだけ処分するようにしましょう。クリスマス・カードも同様です（「ナショナル・ジオグラフィック」と同じで、なかなか捨てるのは難しそうですが）。

必要に応じてアドレス帳の訂正も行いましょう。特別なとき、特別な人からもらった特別な手紙は、別の「手紙」ファイルで保存するように。

写真の整理

写真でいっぱいの引き出しを、少しでも軽くするためのガイドです。写真の数を減らすことで、写真を再び楽しめるようにします。写真に占拠されていた引き出しも、何かに使えるようになります。

写真をすべて集める●

①テーブルなど、作業ができる広い場所を確保する。
②ポケット・アルバムをはじめ、あらゆる写真を①の場所に運ぶ。
③ビデオ器材（なくても可能）

まず写真を（袋に入っているものは袋のまま）すべて集めます。この仕事を徹底するには、ばらばらに置かれていた最後の1枚まで手元に集めることが肝要です。一つの場所がいっぱいになると、人は別の場所にため込み始めるものなので、家じゅう徹底的に探しましょう。

目的は、あなたの写真集を編集することです。写真を映画の一連のコマと考えてみましょう。映画『クレオパトラ』を制作するのに撮ったショットを全部上映したら、観客は飽きてしまいます。同様にあなたのプライベートな写真集も、未編集のままなら、長すぎて退屈です。

一つの話題に何枚もの写真があると、人は見る気をなくすものです。最初の袋に34枚の写真が入っていたとして、そのうち27枚は子どもが2歳の誕生日を迎えたときのものだとします。ほとんどはありきたりでしょうが、

なかにはピカリと光る写真があるものです。その1枚だけに決めます。

さわっているとき傷をつけないように。また必要以上にさわらないこと。この作業中はネガは必要ありません。

スライドもあるなら、スライドを一度に見られるライト・ボックス（すりガラスの下から光をあててフィルムなどを載せて見る箱型器具）を用意します。上等なものは必要ありません。どこかから短期間借りてもいいでしょう。スライド選びの仕方も写真と同様に考えます。

なおビデオについては「ビデオテープの整理法」（120ページ）をお読みください。

年代順に並べる●

写真の袋をすべて集めたら、年代分けの作業に入ります。運がよければ、現像した日付が袋についていたり、写真に撮影した日付がついていたりします。引き出しの袋のしまいかたがそのまま年代順になっているかもしれません（つまり、いちばん古いものから順に積み上がっている）。写した年がまったくわからないものは、さしあたり別にしておきます。

仕分けをして積み上げている写真の山が高くなり、作業しづらくなったときは、別の新しい山を作り始めます。どの山もいちばん古い写真がいちばん上に来るように。ひと通りすんだら、写真をおおざっぱな年代にくくります。そして先ほどどけておいた写真をどこに入れるか決めます。写真を全部見たらどこに入れるかわかるかも。それでもわからなければ、家族や友だちに尋ねます。それでもだめなら、最後の手段は当てずっぽうで。

取っておく写真と捨てる写真を決める●

いちばん古い分から始めます。山は1枚ずつたんねんに見ます。1枚ずつ見ていくうちに、編集判断が出てきます。

自分でもう一度見たいと思うか。ほかの家族はどう思うだろうか。「見たい」と思ったら「保存」

の山に。「いらない」と判断したら床に落とすか、ゴミ箱に入れて、もとの袋には戻しません。すぐそばに、ゴミ箱を用意しておくといいでしょう。もとの袋はネガを入れたまま、当分、年代順に保管します。

同じような写真が何枚も出てきたら、取っておくものと捨てるものを分けるほかに、保存する中でももっともよいものを1枚選ばなければなりません。

例えば、昨年のクリスマスの写真がひと袋分まるまるあったとします。テーブルに全部並べます。最初にはっきりだめなものを捨てます。残った中で、1枚いちばんいいものを選び、保存用の山に置きます。次に2番目によいものを選び、「2番目」用の山を作って置きます。同じ被写体から3番目を選んで「3番目」用の山に。残りの写真は処分します。

アルバムをつくる●

最終的には、いちばんよく写っている写真を自分用に、2番、3番の写真を家族や友人に分けることになります。子どもたちが一緒に暮らしているあいだは、大きくなったときのために、2番目、3番目のアルバムをつくって保管してください。離れて暮らす祖父母などあげる人がいたら、その人たちの分もつくりましょう。

一緒に暮らしていない両親や祖父母たちに写真を分けていると、とても大きな利点に気づくことがあります。つまり、火事や洪水のような災害に遭っても、2番目、3番目のあなたの大切な写真は、よそで生き残るということです。

ここで、ベストの1枚を残すという意味をはっきりさせましょう。

仮に、子どものバースデー・パーティで写した写真が、20枚以上あるとします。それでも1枚を選ばなければなりません。ほかの人たちと一緒の写真、1人で写っているもの、食べているところ、ゲーム中のもの、プレゼントをあけているところなどに分けて、それぞれから選んで枚数を増やそうなどと考えてはいけません。いちばんいい1枚だけです。

この子は毎年、あなたに写真を撮ってもらっています。クリスマス、感謝祭、独立記念日、メモリアルデー、労働者の日、おまけに、そのほかにも機会を見つけては1、2回。1回ごとに1枚、誕生から大学までためると、1人の子どもでおよそ150枚になります。アルバム数冊分。満足できるでしょう。

逆に、そのショットが1枚しかなかった場合。1枚だからといって処分していけないわけはあり

●わが家用、おじいちゃん・おばあちゃん用、そして大きくなった子ども用に写真を分ける

ません。次のことを自分に問いかけてみましょう。

この写真を撮ったのはなぜだったか（その場にいたから味わえた、すばらしい夕日だったのでしょうか）。

何の写真かわかるか（なんだかわからない写真が多いのには驚きです。芸術をと意気込んでいた時期だったのかもしれませんね）。

写っている人が誰かわかるか（あなたも家族も写っていなければ、アルバムに永久保存して記憶にとどめる必要はありません）。

もうおわかりですね、これらの写真は捨てます。

こうも言えます。夕日を撮った写真が25枚あったとして、そのどれもがよくない状態であれば、1番目、2番目、3番目を機械的に残す必要はありません。全部捨てましょう。

最終的に3組ほどの山が手元に残ります（よそにあげるために残す枚数によって変わりますが）。ゴミ箱行きになった写真が圧倒的に多いはずです。心残りなときは、映画『クレオパトラ』を思い出してください。編集で数百時間の録画フィルムを２４３分に縮めました。お宅のアルバムも同じようにしなくてはなりません。

最後まで残った写真は年代順に、いろいろな出来事が積み重なっています。これからこれらの写真を全部アルバムにはる作業を始めます。写真の山の向こうから、誰かがノックしないうちに、早く始めましょう！

コメントをつける●

手間のかかる写真の編集とはる作業がすっかりすんだところで、もう一つ大切な作業があります。写っているものの名前、場所、おおよその日付けを、はった写真の1枚ずつに書き込むことです。たいていの人が、身内の中に知らない人が写っている写真を持っているのではないでしょうか。あなたが作るすてきなアルバムを楽しむ次世代の人たちは、あなたが時間をかけて写真の裏（もしくはアルバムの台紙）に記録を残しておいてくれたことを、ありがたく思うでしょう。この書き込みをするのは、スライドやビデオ・テープに対しても同じです。

写真の整理には、もう一つ便利でとても手軽な方法があります。プラスチックのカバーがついているローロデックス・タイプ（卓上名刺入れ）のファイルがそれです。テーブルや棚にも置けてかさばらないし、アルバムほど大げさではありません。

また第三の方法はビデオ化です。ビデオカメラを持っていれば、ビデオ・トランスファー装置が買えます。あるいはビデオ・コピー・サービス（日本では写真屋）に電話をして、代わりにしてもらいます。スライドで記録を撮っている人には特に効果的で、スクリーンにスライド映写機で映すよりずっと簡単です。

しかし欠点が2つあります。1つは、映像が多少ぼやける点で、スライドのように鮮明さがありません。2つ目は、スライドより劣化しやすいことです。

ネガの保存のしかた●

ネガの編集をしようなどとは思わないこと。そのまま取っておきます。最初に入っていた袋に入れたまま、まだ順序がはっきりしているうちに続き番号をふって(古い順から1で始めて)保存するのがいちばん簡単です。そうしておけば、何かのときに焼き増しもできます。全部を小さな箱に入れ、外側に名前をつけて、引き出しかクロゼットの奥に片づけましょう。

最初の封筒でなく、写真店で売っているネガ保存用の透明な封筒に入れれば、光にかざすだけで、手で触れることなくネガが見分けられます。このような別の封筒に入れ替えるときは、必ず前の袋の記載事項を、書き移しておくこと。

ビデオテープの整理法

テープ類の収納●

ビデオテープは、居間や娯楽スペースをすぐにごちゃごちゃにしてしまいます。特にラベルがはられていなかったりすると、どれがどれだかわからなくなり、なかなか片づけられません。このビデオテープの片づけ作業では、技術的なポイントが2つあります。

1つは、ビデオテープ（カセットテープも同じですが）を棚に置いたり収納するとき、水平に置いてはならないことです。水平に置くと、テープの巻きが、特に外端の近くでしだいに不ぞろいになってきます（それなのに、わたしも外側が不ぞろいになるような置き方をしてしまいます。人生とはそういうものです）。

不ぞろいのままビデオデッキのヘッドに送りこまれると、再生画像の画質が低下したり、最悪の場合消えてしまいかねません。

テープの巻きは不ぞろいになっても簡単に直せます。一度最後まで早送りしてから、再び最初まで巻き戻すのです。これでテープの巻きはきれいにそろいます。これで録画の画質は最適な状態になります。

2つ目のポイントは、テープが傷つきやすいことです。例えば湿気、ホコリ、日光、熱。特に湿気は危険です。湿気が多くなるとテープの表面のコーティング剤が軟化し、VTRのヘッドを通るとき、文字どおり「こすり落とされて」しまいます。こうなるとヘッドが詰まるだけでなく（クリーニングするのは簡単ですが）、テープは修正不能のダメージを受けてしまいます。

これを防ぐためのいちばん安上がりな方法は、買ったとき入っていたプラスチックなどのケースに、面倒がらず戻すことです。テープの一面は外気に触れますが、雨にあたるような所に置かないかぎり、重大なダメージは与えなくてすみます。しかしビデオ技術者は、あまりこのようにはしません。

ビデオのプロたちが選ぶ方法は、録画ずみのテープを気密性の高いプラスチックの箱型のケースで保存することです。ここにしまえば、テープを劣化させるいろいろな影響から守ってくれますし、棚に並べたとき見た目がそろいます。テープを引き出しにしまってしまえば見た目の問題はなくなりますが、むき出しの棚だと、そろいのケースに入れておかないかぎり乱雑な印象は避けられません。

ビデオケースの欠点は、ケースに入れるとサイズがかさばり、ビデオ用のラックに入らなくなってしまうことです。しかし本のように立てられますすし、本棚があればビデオ専用のラックはいらなくなります。

テープの劣化の速さは、保存状態のほか、テープそのものの品質によっても変わります。当然（一般的に言えばですが）安いテープほど劣化は速くなります。はっきり言い切ることはできませんが、7年以上たったものはかなり状態が悪くなっています。「プロ」好みのテープはふつうもっと長くもちますが、それでも数年たてば、新しいテープへのダビングが必要です。ただ古くなりすぎたテープを再生すると、劣化したコーティング剤がヘッドでこすり落とされるために、ヘッドが詰まってお手上げになるでしょう。

ラベルをつける●

次に必要な整理は、ラベルをつけることです。1つのテープにいくつ番組が録画されていようと、ラベルさえついていれば保管がいかに簡単か誰でもよく知っているのに、ときどきラベルはりの手間を惜しんで、何が入っているのか見当がつかなくなってしまいます。しかしテープを巻き戻して確かめるのは大変なこと。それで使いかけのテープはそのままにして、新しいテープを使い始めてしまいます。この習慣はお金の無駄になるだけでなく、中身のわからないテープで棚がいっぱいになってしまいます。

そこから脱け出すには、まず付箋（あるいはそれに似たもの）と鉛筆をビデオデッキのそばに置いておきます。録画を始めるとき、何を録画するかわからなくならないように、その番組名を書いた付箋をビデオデッキかテープのケースにはります。そして録画が終わってテープを取り出したら、それをテープの本体に貼り替えるのです。保存用ならテープの背中にラベルをはって、必要事項を書き写します。

1本のテープに、何本かの番組や映画を録画したら、それぞれの頭出しが手際よくできるようにしておかなければいけません。テープを流しながら見つけるのがどんなに面倒かは誰でも知っています。そこで録画する際、ラベルにそれぞれの番組の放映時間を書いておくことをお勧めします(例えば54分などと)。4桁のカウンターの数字のほうではありません。カウンターの進む速度は機種によって異なるので、ビデオデッキを買い換えたり、他人のデッキで再生したりするときに、カウンター数字は使えません。新聞の放映時間を調べるか、少々お金を出してTVのガイドを買えば、たいてい上映時間が載っています。そうしたらそれぞれのタイトルの横に、調べた時間を書き込めばいいのです。

税関係、控除証明書などの書類の保存

ただただ税務署怖さや、支払ったのに再請求されるトラブルを避けるために、何十年分もの振込みの明細書や領収書、さまざまな書き付けをため込んでいるかもしれません。多くの人がそうであるのと同じように、あなたもゴタゴタを避けるために、これらの記録を永久に保存しておかなければならないと、思い込んではいませんか。(この項目は、日本の実情にあわせて内容を一部変更しています)

何を保存すればいいか●

どこから収入を得ていても、収入源の証明書は保存が必要です。給与所得者のほとんどの人にとっては、給与明細書や源泉徴収票がそれにあたります。収入源が年金、投資、その他の場合も同様。それに該当する適切な書類を保存しましょう。

反面これは、控除にも役立ちます。給与から天引きされる場合はほとんど関係ありませんが、しかし何かの控除を受けるとき、自分で申告する際の根拠となる書類は保存してください。税金控除の対象となる一般的なものは、住宅取得、扶養者、保険、医療費、社会保険料、配当金などです。領収書やレシート、伝票、その他の書類を保管しておくこと。手書きの領収書をもらうときは、日付けと署名・押印があるか確認するようにしましょう。

領収書などの整理●

今年（1月1日から。事業をしている人なら決算ごと）のファイルを作ります。ファイルの名称は、「税2000」（その年の年号）がいいでしょう。このファイルが、収入、控除関連の書類、つまり控除の対象となりそうな支払いすべての領収書と、最近の給与明細やその他の収入明細などを入れる場所となります。

「税2000」ファイルは、必ず手の届く所に置いてください。わざわざ行かなくては入れられない場所だと、初めの決意は失敗に終わって、請求書のしおり代わりにされたり、あちこちに山を作るようなことになります。

さらに「税2000」ファイルは機会があるたびに分類して、それぞれをマニラ封筒に細分しましょう（99ページ「ファイル・キャビネットを使いこなす」を参照）。分類は毎月（支払い時期にでも）か、少なくとも年に数回はします。

この「税2000」とは別に、「資産」のファイルも作りましょう。それには住宅や、その他の財産関係の書類を入れます。「資産」ファイルに入れるのは、長期にわたる資産です。住宅取得の借入金は控除対象ですから「税2000」ファイルを使ってください。今年だけの対象となる書類などは、「税2000」へ入れること。

税金対策以外にも、いろいろな記録の整理が必要な理由があります。もしも、あなたが亡くなって、ほかの人があなたの財産を管理する必要が生じたとき、記録がきちんと整理されていたら、あとに残された人や資産管理者から悪く言われるのを、お墓の中で聞かずにすむことでしょう。

支払いの一覧表をつくる●

ずぼらな人は、領収書の保管や整理に対して、時として生来的な恐れを抱いているものですが、気を楽に持ってください。

　領収書やレシートを「税２０００」ファイルに保管したうえ、家計簿に記入したり、次のような書式で随時まとめておくと、申告時に大変楽になります。

　例年と異なる税申告をする人は、前年の納税申告書をくわしく調べ、今年度の申告書を作成するうえでどの項目を利用するか決めます。こうすれば申告時に、あっという間に各項目ごとの総計を出せますし、パソコンを使えば税計算の仕事はもっと楽になります。

支払い一覧表

経費一覧　納税年2000

日付	宛名	保険料の支払い*1	借入返済 H/L*2	金額	医療費 C/NC/HS*3	金額	雑費 金額	適用	金額
/				¥	¥			¥	
/									
/									
/									

＊1―生命保険、火災保険、傷害保険など。　＊2―Hは住宅ローン、Lはその他の借入返済。　＊3―Cは現金の場合、NCは現金以外、HSは病院に行くときの交通費。その他、育児、介護などの項目も表内に随時設定。

税理士などに依頼するときは、これらの合計表をうやうやしく差し出して、相手がわっと泣き出してしまうところを見ましょう。うれし涙と、申告書作成に時間がかからないので、長い時間分の料金を請求できなくなる涙です。

書類の保管期間を知っておく●

書類にはいろいろなものがありますが、当然ながらある時期がくれば、処分を考えることになります。このときに注意を要するのが確定申告をしている場合で、確定申告の申告内容に関係する書類は、一定期間の保存義務があるということです。この保存義務期間中に書類を処分してしまうと、その内容の証拠を処分してしまうことになりますので、あとで税務署とのあいだでトラブルが生じることも考えられます。

日本では、所得税の確定申告に青色申告と白色申告の2種類がありますが、事業収入や不動産収入などがあっても青色申告の手続きをしていない人は、白色申告になります。ほとんどのサラリーマンの人は、白色申告です。そこで、白色申告を前提にした書類の保存期間について簡単にまとめると、次のようになります。参考にしてください。

記録書類	保存期間
税金関係	
預金通帳	申告後5年
領収書	申告後5年
請求書	申告後5年
不動産購入関係書類	売却の申告後5年
	売却しないときは永久
(同様の関係書類で青色申告の場合は、原則として7年)	
税金関係以外	
借入関係類	返済後10年
保証書	商品の保証期間

二度と散らかさないためのちょっとした工夫
——日常の雑事に煩わされないために

子ども部屋の片づけは誰がするのか

子ども部屋の片づけ教育は、2つの方法論に分かれます。1つは、それは簡単なもので、ドアを閉めてそのまま放っておく。部屋に入らない。のぞき込みもしない。刑務所の独房に食事が差し入れられるのと同じに、清潔な衣類や必要な品をドアの外に置いておくだけ。

部屋の中を見ないでいられれば、よく片づいていて乱雑さとは無縁だと、少なくとも幻想を抱いて気楽でいられます。

しかしそれができない（あるいは、そうするつもりがない）場合は、次の方法をやってみましょう。

上手にできるよう親が工夫してあげる●

〔ポールやフックの位置を調節する〕

子どもたちがハンガーに服をきちんと掛けないのは、クロゼットのポールが高すぎるからです。ポールの位置を下げ、ハンガーを掛けやすくしましょう。フックも同じです。

「クロゼットの片づけ」の中でも紹介しましたが、ポールを動かすのが難しいとか面倒なときは、そこはそのままにしてもう一本のポールを低い位置につけます（81ページ参照）。取り付け金具とポールは日曜大工店で買えます。つっぱり棒をつけてもいいでしょう。

ポールの位置は、子どもの背が伸びるのに合わせて、だんだん高くしてください。上のあいた部分は保管物用に利用しましょう。

〔バスケットを置く〕

脱いだ服を入れるのに、かわいい大きなバスケットを用意します。背が低くて口の広いものほど子どもは利用しやすいようです。引き出しが足りないとか、ハンガーに手が届かない場合などにも、バスケットは重宝します。また、プラスチックバスケットは、おもちゃやゲーム類入れにしてもいいでしょう。

〔釣り具用ボックスや道具箱を雑貨入れに〕

釣り具用ボックスは、クレヨンや画材、その他小さなおもちゃや雑貨を入れるのに最適です。道具箱も子どもたちの絵や工作、やりかけの手芸などを入れておくのに便利です。プラスチック製のものは安いですし、重いものを入れたりしなければ、いつまでももちます。

必要な箱やバスケットを置いて、クロゼットのポールとフックを低くしたら、しまったり掛けたりするものを示すラベルをそれぞれの場所にはります。年齢によってはマークや絵も使って。棚、引き出し、戸棚も忘れずに。

部屋が狭ければ、引き出しつきのベッド（キャプテンベッド）の購入を考えてもいいでしょう。あるいは、今使っているベッドの下に引き出しを置きます。

親の苦労は報われる？●

片づけのお膳立てを全部してやっても、苦労のしがいがあるかどうかは、難しい問題です。しかし本当に難しいのは、用意してやった道具をどのように使うかを、子どもたちにわからせることのほうです。

わからせることはできるでしょうか。わたしたちの意見は「イエス」。報われます。

子どもたちは学びたがっています。ですから何でもやってあげていては、まったく本人のためになりません。子どもがおとなになったとき、身についていてほしいとあなたが願う能力は、遅かれ早かれ子どもが自分でやっているうちに身についていくものです。早いに越したことはありません。

知人の誕生日に煩わされないために

友だちや親戚の誕生日を覚えるようにしていますか。気がついたら遅すぎたという経験はありませんか。わざわざそのために出かけるのではなくて、余裕をもってカードやプレゼントを選ぶ時間があったらすてきですね。

その解決法はそれほど面倒ではありません。誰かの誕生日を忘れてしまった場合よりは、面倒はずっと少なくてすみます。

カレンダーを用意する●

元日に、その年の新しいカレンダーを持ってきて、アドレス帳かコンピュータのアドレス・ファイルを開きます。次に太めの赤ペンか鉛筆を手に、誕生日を覚えておきたい人たちの名前を、カレンダーの該当する日付けの枠に記入していきます。遠方の人の場合は「ルーファス叔父バースデー・カード発送」のような注意書きを、１週間前の日付けに入れておきましょう。月はじめに生まれた人の場合は、カレンダーをめくるまで誕生日に気づかないので、同じような注意が必要です。

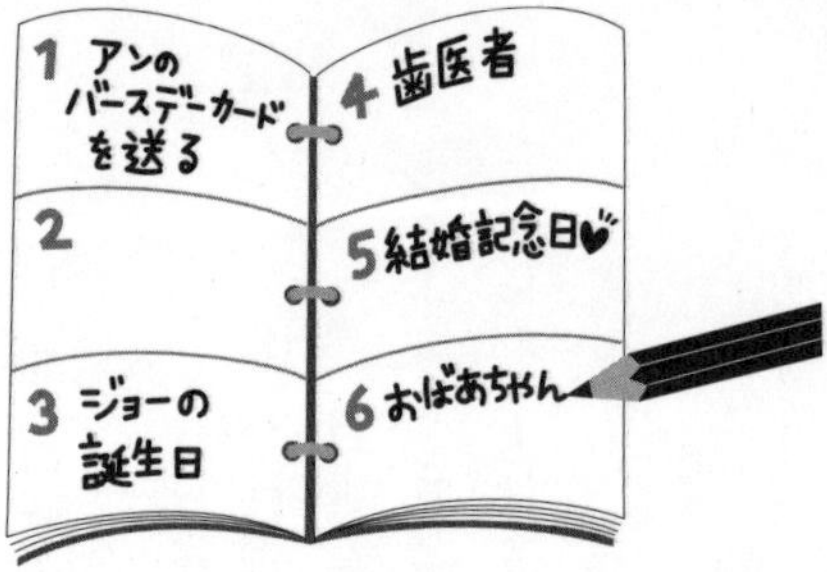

この簡単なテクニックで、友だちや親戚の人たちは、あなたのすばらしい記憶力に舌を巻くことでしょう。でもその秘密は、そっとあなたの胸の内に。

ものを余分に持つ

無駄を追放する本なのに、家の中にもっと物を持ち込むように勧めているなんて、わたしたちは認めたくありません。しかし物によっては、もういくつか予備があると時間の節約になったり片づけ効果が上がったりして、あなたの暮らしが快適になることがあります。

「ちょっとしたことをすませるとき『あれがあれば』と悔やむものは、2階にいるときは1階にあるし、1階のときは2階にあるもんだな」と言った人がいますが、2階建てに住んでいるかどうかではなく、このような問題を解決して暮らしをもっとシンプルにするため、予備を持つことを考えてみましょう。

●余分に持っているほうがいいもの

〈掃除機は1階と2階の両方に置く〉

掃除機がけは、それほど難しい作業ではありません。面倒で疲れるのは、掃除機を持ち出したりそれを持って階段を上り下りすることのほうです。(ルール3)で、掃除機は出し入れに便利な1階にとわたしたちは言いました（32ページ参照）。しかし1階も2階も掃除機をかけなければならないなら、1階用と2階用を買うことを考慮に入れてみましょう（さらにクロゼットに片づけないで、使う場所の近くで保管すること）。

〈小物は使いそうな場所それぞれに備える〉

出かける準備でシャワーを浴びているとき、遅れないかと時間が気になりませんか。もし浴室に時計がついていないなら、一つ用意しましょう。わざわざ時間を見に行く手間が省けます。

こうした小物類は、簡単に同じものを用意できます。ハサミはキッチンとあなたの机、洗面所に。つめ切りはあなたのバッグと洗面所の引き出しに。車のシートの下には折りたたみのカサを。これで雨が降りだしても「半ダースもあるのに」と持ち合わせていないことに腹を立てずにすみます。

全部はとてもあげきれません。いろんな場所で出しっ放しになっているものを思い浮かべてください。それがリトマス紙代わりです。いつも決めた場所以外にあるものは、特に高いものでないなら、もう一つ買うことを考えましょう。

掃除に必要なものを見直す

洗剤の数を絞る●

もしもあなたが住まいの掃除用洗剤を、シンクの下や戸棚などに置いたまま使っていないなら、それらはガラクタそのものです。わたしたちは、洗剤の多くはガラクタの部類だと強い確信をもっています。そう言わざるを得ないのです。年におよそ1万5千軒の家を掃除して、そう実感してきたのですから。

さて10か所の掃除をするのに10種類の洗剤をそろえるより、10か所の掃除ができる1種類の洗剤を持つほうがずっと意味があります。でないと専用クリーナーの数だけで家が散らかるうえに、買いそろえるお金と時間がかかり、後片づけにも手間どります。そのうえ、いろいろな洗剤を使い分けていたら、掃除そのものに時間がかかりすぎてしまいます。厳選した少数のものを使うほうが、どれだけシンプルで効果的かわかりません。

わたしたちの場合、がんこな汚れ用の洗剤（「赤の洗剤」と呼んでいます）と、それを薄めた軽い汚れ用の洗剤（青の洗剤）だけを、特製エプロンに入れて家の中を掃除して回ります。赤の洗剤はこれまで使ったなかでもっとも品質がよく、泥、機械油、垢などあらゆる汚れに効果があるのに毒性がなく、無臭で有機分解します。安定性が高いので、米国農務省が食品を扱う場所での使用を認めているほどです。

●掃除用エプロンは掃除の時間を短くしてくれる

わたしたちは、高品質で人と環境に安全な道具を求めてつねに製品テストを繰り返していますが、もしわたしたちの洗剤と用具についてくわしく知りたい場合は、『すばやいおそうじ　スピード・クリーニング』を読んでください。

収納は目の高さのところに●

また掃除用品はどこに収納するのであれ、できるだけ目の高さに保管すべきだというのがわたしたちの考えです。取り出すのも戻すのも、物でごちゃごちゃの薄暗いシンク下より、ずっと簡単だからです。これも掃除をする気にならない理由の一つですが、その隠れ家から洗剤を取り出すには手間がかかりすぎます。そこに何が入っているか知らない人だっているのですから。

洗剤をもっと便利な収納場所に移して、シンクの下はめったに使わないものの専用置き場にしましょう。

手紙をカンタンに書く方法

用事の手紙のテンプレートをつくる●

郵便物は日付け順に、あるいは自分に便利な整理方法で、専用ファイルに保管してください（99

ページの「ファイル・キャビネットを使いこなす」参照)。しかし、ここではそういう話をするのではありません。そうではなくて、あなたは購読雑誌が全然届かないので調べてほしいとか、欠陥商品の苦情とか、先日のバス運転手さんはすばらしく立派だったという賞賛など、ちゃんとした手紙を出すことを先延ばしにしていませんか。もしそうなら、しかも時間がなくてなかなかきちんとした文章を書けないと感じたら「手紙のテンプレート」を考えてみましょう。

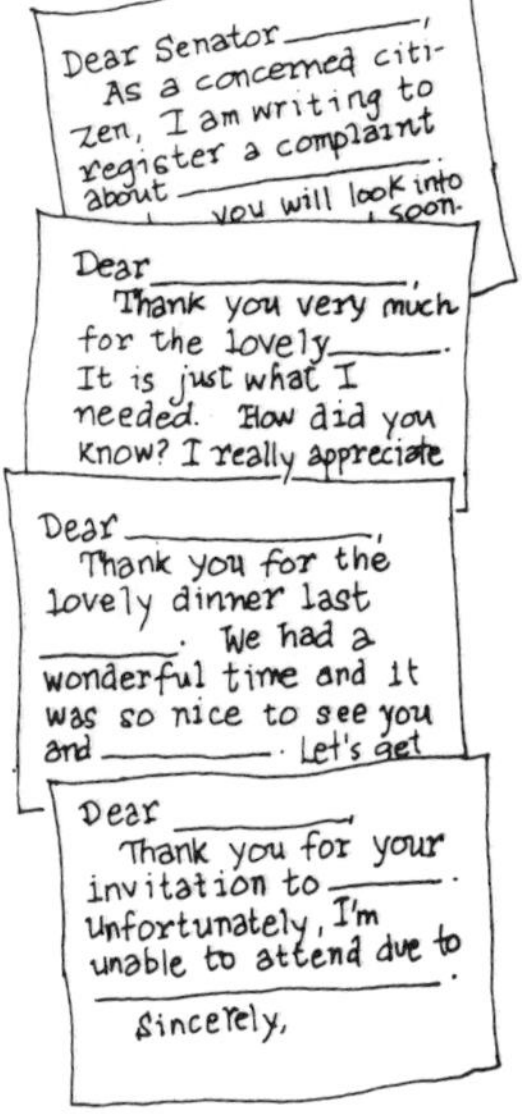

「テンプレート」とは、手紙文の雛形のことで、例えば注文するための手紙をしょっちゅう書いていると思ったら、基本の注文用の手紙文の日付け、あいさつ、住所などを変えて利用するというように、用途ごとに自分で必要な言葉などを加えて完成させるものです。

パソコンがあれば、あなた専用のテンプレート作りに挑戦したくなるかもしれません。時間をかけたくないとか、文章作りの助けが欲しいときには、さまざまな手紙用例集を1冊購入します。たいていビジネス・個人向けの手紙文が、考えられるあらゆる場面ごとに掲載されています。目的に合わせてそのままで、または一部を変えて使いましょう。

ダイレクト・メールを減らす方法

いらない郵便物はこう処理する●

勝手に送られてくるダイレクト・メール（DM）類を、わたしはそれほど困ったものだとは思いません。DMの数は、同じ期間内に目や耳にするテレビ、ラジオ、雑誌、広告塔などの広告数よりはるかに少ないのです。ですから個人的にはあらゆる種類の郵便物、たとえそれが頼みも予想もしないものでも、楽しんで受け取っています。

たいていの人は、葉書あるいは電話で、何かを注文した経験をもっています。1998年、アメリカではおよそ1億2千万人が通信販売を利用しました。環境への影響を考えて買い物にあまり行かずにすませたいと考える人たちによって、通信販売はますます人気が出てきました。つまり1台の配送トラックが30軒の家に停車するほうが、30台の車が買い物に行こうとしてエンジンをかけるよりましだというわけです。

しかし通販をはじめ何かを利用すると、自分の住所や氏名が名簿業者に流れ、知らない所からまでDMがきてしまうことがあります。問題は、DMを望まないときどうすればいいかで、受け取る数を減らすには、いくつかの方法があります。

1つは、発信先のお店などに直接、自分の名前を名簿から外してほしいと伝えます。葉書やFA

Xに自分の住所、氏名と「そちらのDMの発送リストから、わたしの住所、氏名を削除してください」などと書いて送ってもいいですし、電話で連絡してもかまいません。

新製品などの連絡は今後もほしいものの、ほかの業者には自分の住所、氏名を渡したくない場合は、メッセージをちょっと変えます。「わたしの住所、氏名をほかのどんな業者にももらさないでください」などです。

同じカタログが2部以上送られてきたら、発送元にその旨を伝えます。つづりの違う名前宛(「Jeff」「Jeffrey」、さらに「Jeffrey M」など)に送られている場合は、必ず連絡を。スペルが異なるため、コンピュータが3人の別人とみなしているのです。宛名のつづり間違いで起こる事態にも、同じ対応をしてください。

さらに断固とした方法もあります。聞くところによれば、ある男性は物品の購入ごとに、ミドル・ネームのイニシャルを変えるとか(日本人の名前なら漢字やひらがな・カタカナで区別するということも可能でしょう)。どこでどのイニシャルを使用したか記録しておいて、無用な郵便物が届き始めたら、イニシャルからどこから伝わったかを突き止めようというわけです。ゴミ箱に投げ

捨てるわたしたちからすれば、これは、ちょっと大変ですが……。

レシピを整理する

クリア・ポケットを活用する●

そのときは作ってみようと思って切り抜いた、新聞の献立記事や何かの料理メモのたぐいが山をなしていて、気が変になりそうではありませんか。あなただけではありません。わたしの友人は、料理本にはさんだり、封筒に分類したり、インデックス・カードに書き写したり、しかしそのどれをも中途半端にしたまま、本棚のあちらこちらを行ったり来たりさせています（ちなみに、彼はほとんど料理はしません）。

ところが根っからの散らかし屋をたちまちレシピ整理の達人にさせてしまう、ハッとするほど簡単な方法があります。穴のあいたクリア・ポケットを、バインダーにセットして使うのです。

まず「スープ」「チキン」「デザート」などの見出しをつけた仕切りの紙をクリア・ポケットのあいだにはさみ込みます。そして例えば水曜日の新聞で新顔のメニューが目に飛び込んだら、ポケットに放り込

●私だけのレシピ集をつくる

みます。はったり、とめたり、書き写したりする必要は、まったくありません。

このシステムで便利なのは、目当てのポケットがある項目を繰っていくと、すでにチキン・カッチャトーレ（トマト、香草、ワインで煮込んだイタリア料理）のレシピは持っていたと気づいたりできる点です。追加しようとしたレシピに目新しい工夫が見られる場合は、その部分だけ前のレシピに注として書き込み、2番目のほうは捨てましょう。新しいレシピが低脂肪タイプのものなら、これまでのとなりに差し込みます。

もう一つ便利な点は、創意工夫をレシピ集に生かせることで、あなただけの個性ある料理本に仕上がっていきます。例えば「ロマンチック」とか、「ピンチ料理」「2人のディナー」「クイック」「エスニック」なんて分類もOKです。

このバインダーは、献立の指令塔にもなります。つまりレシピを書き写すのではなく、どの料理本を見たらいいかわかるようにするのです。これは各項目の最初に、さまざまな料理本の気に入った料理名を手書きします。例えば、「デザート」の項目のはじめのところに、「マイヤ・レモン・ムース――グリーンズ・クックブック、354ページ」とだけ書いて、コピーなどは一切つけません。

バインダーが2冊以上に増えたら、必ず背表紙に分類ラベル（「低カロリーディナー」「ベジタリアン」など）をはって、目当てのバインダーがサッと手に取れるようにしましょう。何であれスムーズにいかないと、レシピを置く場所もついいい加減になりがちです。要注意です。

物を増やさない買い物法

買い物を減らすと、片づけが楽になります。また買い物をじょうずにすると、買いに行く回数だって減らせます。店に何度も行くのは、暮らしの整理がうまくいっていない証拠です。

店がすいているときに買い物に行く●

買い物はすいている時間帯に。週末に買い物をしなければならないときは、開店と同時に行きましょう。あなたと店員しかいません。

わたしは去年、クリスマス前の土曜日に買い物に行きました。全部で100店舗ほどが入っている（中の2つはとても人気のある店）ショッピング・センターに出かけたのです。そこのいちばん大きな店はちょうどセール中でした。

わたしが午前9時の開店と同時に到着したとき、ほかの客は1人もいませんでした。しかし2時間後、そこは狂ったような混乱状態に陥っていました。もちろん、わたしの買い物はすんでいました。雨だったので車は店の真ん前に止められて、買った物を運ぶのも楽でした。

仕事を終えてから夕食の買い物をする人は、すいた時間帯の買い物は無理です。みんな同じことに悩んでいます。だから退け時《どき》があんなに混みあうわけです。

代わりに、前の晩の夕食後に買い物をしましょう。いつもの半分の時間ですみます。それに、満腹で買い物をすると衝動買いの食品も減ります。

買い物の回数は週に1度、できることなら1週間おきですむようにします。その秘訣は、完璧な食品リストを作って、買い忘れや不要な買い物をなくすことです。量はたっぷりと。まず、リスト作りからお話しします。

買い物リストをつくる●

店に出かける前にリストを完成させます。それには日頃からメモを身近に置いて、気づいたらそのつど記入するようにしておくことです。マヨネーズ、ケチャップ、せっけん、ペーパータオルなどの常備品は、残りがあと1つになったら、品名と量を書き入れます。切れてしまうまで待ってはいけません。こういった失敗をすると、買い物に行かなければなりません。

メモ帳なんて安いものです。キッチン以外にも何か所か買い物リスト用（またはほかの覚えておきたいアイディア用）のメモ帳を置きます。バスルームに、寝室のナイトスタンドの上に、車の中に、バッグにも1つ。

何かが頭に浮かんだら、何をしていてもその場で中断して、ひらめいたことをリストに加えましょう。そうしないと、すぐに忘れてしまいます。ときどき全部のリストを集めて、キッチンの冷蔵庫にはってある買い物リストに記入します。

例えばバスルームのメモには「アレルギー用処方薬を補充」、寝室のメモは「来週のお呼ばれのために、服をドライクリーニングに出す」、車のメモには「出先で思いついたらバッテリのチェック」とあったとします。これらは時間がかかっても、1度の外出ですべてしてしまうこと。別々にしていたら4倍の時間がかかってしまいます。

また、食品庫が整頓されていると、何がなくなりかけているかひと目でわかり、リスト作りも楽になります。戸棚や引き出しの整理のしかたを知りたい人は、83ページをごらんください。

リストは、店に出かける前にグループ分けしてください。乳製品はひとまとめにとか、よく知っている店なら商品の展示されている通路ごとにまとめます。さらにペンを持参して、カゴに入れた物の品名をリストから順次消していくと、買い忘れをしなくてすみます。

店に出かける前には必ず、ついでにできることはないか、ほかの場所においたメモ帳の転記漏れがないか、気を配りましょう。

まとめ買いをする●

買う量はたっぷりと。これはお金を節約するためでなく、店に走り、人と車の混雑に揉まれ、好きなテレビ番組を見逃すことがないようにです。食品もどんどんまとめ買いしましょう。

郵便局で列を作っている人のうち、手にした封筒の数しか切手を買わない人がなんと多いか、あなたが見たらびっくりすることでしょう。切手を1枚も買い置きしないで郵便局を出て行くなんて、わたしには理解できません。わたしは郵便局に行くのが嫌いです。いちばんすく時間がいつなのか、さっぱりわかりません。

郵便局であなたの番がきたら、必ず1、2シート程度の切手を買い置きしましょう。速達や定形外郵便物を出すときのために、金額の違う切手何種類かも用意します。多すぎても問題ありません。切手は期限が切れないし、ファイル・キャビネットでなくさず保管しておけます。

グリーティング・カードも同じです。例えば、バースデー・カードが家にあれば、必要なたびにあれこれほしくなる気持ちに歯止めがかけられます。ただ切手と違い、こちらはたくさんあればいいというものではありません。常識の範囲内にとどめること。

プレゼントを買い置きする●

卒業祝いやクリスマス・プレゼントなどは前もって、誰かにぴったりの物が目にとまったときに買っておきましょう。実際、シーズンにはそのような店は混雑しますし、一部でも買い物がすんでいると、気持ちが楽になるものです。バーゲン・セールのときに買えば、安上がりにもなります。

家族に何か買うときには、子どもたちが乱暴に扱うとか、何か月か出しっ放しにしておくとどうなるかなど、いろいろイメージしてみましょう。例えば、次のようなことを考えて。

●どの程度ホコリをかぶったり、汚れたり、手垢がつくか（ガラステーブル、プラスチック製品の多くのものなど、ピカピカに磨いていないとひどくなるものもあります）。

●掃除は楽か（物によっては、ホコリを払うのが大変なものもあります）。

かかってくる電話をどうするか

自分にこう問いかけると、ガラクタをお宅の玄関に通さないですみます。

●お祝いのためのプレゼントは前もって買っておく

こんな経験はありませんか。何かを始めようとしたら、とたんにベルの音。1時間後、やっと電話から解放されたものの、もうキッチンの片づけも、手紙書きも、支払いに出かけるにも、子づれでどこかに行くにも遅すぎる時刻。それでその日もまた、やりかけたことが何も片づかなかったと思いながら、イライラがおさまらない気分で寝る……。

あなたが毎日、仕事で電話を使っているなら、使い方は訓練ずみのはず。もしも職場の電話のルールが、ある面で家庭でも通用していいのじゃないかとお考えなら、そのとおり。そのとおりなんです。

家事の邪魔をさせない●

電話に出なくても、相手はあなたがいるかどうか知りようがありません。ですから、少なくとも邪魔されたくないことをしている最中や、貴重で平和な静けさを楽しむときは、家にいても留守番電話を利用しましょう。「家にいるはずなのに出ないのは、ベッド・ルームで何かしている最中かしら」と、勘ぐりたい人には勘ぐらせておいて。

緊急事態でもないかぎり、嫌がる者の注意をむりやり向けさせる権利など誰にもありません。あなたは忙しい人なのですし、電話が鳴るたびにしていることを放り投げて出る必要なんて、どこにもないのです。

留守番電話で受けても、かけてきた人を嫌っているとか、大切に考えていないことにはなりません。そう受け取られることを心配するなら、ふだんから名前と連絡先、用件を吹き込んでもらうように話しておきます。そうすれば自分の都合のよいときや、時間ができて気持ちがのったときに、こちらからかけられます。

緊急の知らせを受け損なうことを恐れて、留守番電話を使いたがらない人がいます。しかしその理由を突き詰めれば、せいぜい友だちと買い物に行ったり、夕食に出ることができなくなることを恐れてにすぎません。

大切な電話も同じ。かかってくるたびに「これは大切な用件かもしれない」と思って出ても、重要な用事よりも腹立たしい話のほうが多いものです。

もし本当に緊急で、大切な電話なら、相手は必ず用件を吹き込むことでしょう。あなたはいつでもそれをチェックできます。

相手からの電話をどう切るか●

電話に出たとき、相手が誰であっても「今忙しいので、あとでかけ直す」と言うのは、悪いことでも何でもありません。いつかけ直すかをつけ加えれば申し分ありませんが、ともかく電話は、あなたの都合のいいときにかけましょう。

また、際限なくしゃべりつづけている相手をさえぎるためには、こういった手を使います。「誰かが呼んでいるので、そろそろ切ります」と。そうしない場合は、相手に反感をもたれるかもしれないなどと気にしないで、率直に「出かける時間ですから」と。相手が特別グズグズしていても、時間（とプレッシャー）を匂わせれば、たいてい穏やかに切り抜けられます。

セールスの電話を聞きたくなかったら、気にしないで切ります。何のための電話か気づいたら、すぐに話をさえぎって穏やかに言いましょう。「悪いけど、関心がないので」と。それでも相手が話しつづけたら、静かに受話器を置きます。平静を保つこと。状況を把握して、礼儀正しくすばやく切って、やりかけていたことに戻ります。

子どもが出てしまったときは、伝言を聞いてもらいます。嘘を言う必要はありません。「母は今電話に出られません。お話はわたしが伝えます」「お父さんは今手が離せないので、あとからかけ直すそうですが、いいでしょうか」。言い方を教えておきましょう。

いずれにせよ、邪魔が入るのをとめる手だてはなさそうなので、自分のやっていたことに戻るために、気持ちを落ち着かせる無駄な時間を最小限にすることです。

訳者あとがき

最近、私は引っ越しをした。

それもいろいろな事情で、以前の家の半分の大きさの家へ引っ越すことになった。

引っ越しの梱包を始めたら、なんと10年前に日本から船便で送り一度も開けないダンボール箱さえもでてきた。山のように積まれた60個近いダンボール箱とガラクタの沼に囲まれて窒息しそうになった。

だが、考えてみると、この引っ越しは、モノを捨て、残ったものを整理し、気持ちのいい生活空間をつくるには、絶好のチャンスだった。今まで長いこと処理せずにさまざまなものを抱え込んできてしまった。人生の折り返し点を過ぎ、このあたりでモノを捨てスッキリさせ、再出発するにはちょうどよい機会だった。

それには、半分の面積の家に移るのだから「物を減らすこと」つまりは、「捨てる」こと以外になかった。そして、本当に自分が必要なものだけを「残すこと」だった。

だが、「捨てる」ことはなんと難しいことだろうか。

どれもすべて愛着と思い出があり、すぐ捨てられない。

そこで、私流ではなく、片づけの達人の指南書が必要だった。アメリカ人の家は気持ちのよいほどよく片づき、広い部屋なのにモノが少なく、個性がある素敵な家が多い。私はアメリカの家に住んでいながら、家の中は日本人特有のゴチャゴチャとあらゆるものを持ちこみ並べてあった。

これを機会に私はアメリカ人のようにモノを少なく、それでいて厳選したモノだけを持ち居心地の良い生活空間を作ろうと思った。

運よく「そうじの達人」でベストセラー『スピード・クリーニング』の著者ジェフ・キャンベルの『気持ちのいい生活空間のつくり方』"Clutter Control"に出合った。アメリカでは人気の本だ。

この本は、私にピッタリの本だった。「収納」「整理」「捨てる」が書かれた本はずいぶん出版されて、私も読んだが、どれも帯に短し、襷に長しだった。

だが、この本はモノを「捨てる」。そして、残ったモノを「整理」し「収納」する。

一度片づけたら二度と散らからない!!

これこそが片づけの極意！　と言える本であった。

私がまずしなければならないことは、「捨てる」ことからだった。

これには、私の心と深い関わりがある。そのことの解決法をこの本はていねいに教えてくれて、そこからどのように抜け出し、そのうえで自分の世界を脅かすにいられるかを導いてくれた。

この安心感がスタートだった。この準備を、自分の心にし、あとは、この本の順序に従えば、夢のアメリカンホームができたのである。

ダンボール箱の半分は処分して、今の家に引っ越したのだが、今の暮らしには、そのまた半分以下のダンボール10箱だけである。ホントにモノが少なくなった。

ここで学んだ大切なことは、捨てることでも、片づけることでもなく、いかに気持ちのいい生活空間を持ち続けることかであった。

また、散らかるのではないかという不安はもうない。プロに教わりながら、作り上げたという安心できる空間が生まれたからだ。自己流でやっていると、どこかで無駄や不便さがでてくる。だが、さすがと思わせる西洋人のセンスが空間に現れた。

なんて、モノが少ないというのは、反対に豊かな空間を生むのだろうか。そこにやすらぎさえ生まれる。

私は今、このやすらぎの空間の中で原稿を書いている。幸せである。

この本が出来上がるまでさまざまな方のお世話になった。

吉原洋子さん、メディアケーションの佐々木勝子さん、税理士の西村享さん。西村さんには、税に関する部分を日本の実情に即した内容にするために、専門家としてアドバイスをいただいた。

またアメリカ側では、ビル・レディカン氏、アメリカ俳句協会会長ジョン・スティブンソン氏とチャールズ・トランブル氏のご協力に心から感謝したい。

最後にジャパンタイムズの編集者、笠原仁子さんの有能な舵取りで、私たちの望んだ生活に役立つ本をこの世に出すことができたことに心からお礼がいいたい。

2000年9月　サンフランシスコにて

アントラム栢木利美

Many thanks to Bill Redican, John Stevenson, and Charles Trumbull of the Haiku Society of America for their valuable contributions to this book.

[著者紹介]

ジェフ・キャンベル
Jeff Campbell of The Clean Team

1979年に設立されたサンフランシスコのそうじサービス会社ザ・クリーン・チームの代表。
家事のなかで一番工夫が足りなかったそうじについて、時間と作業をできるかぎり節約する方法を考え、ムダな動きが一切ないそうじシステムを開発。このそうじ法をわかりやすく紹介した『すばやいおそうじ　スピード・クリーニング』(ジャパンタイムズ刊)は、最初自費出版だったが、あまりに好評だったところから、商業出版されるようになった。本書は、そうじをしようにもあまりにも部屋が散らかっていて始められないという読者の声にこたえた解決策。
ジェフ・キャンベルのホームページ
http://www.thecleanteam.com

[訳者紹介]

アントラム栢木利美　アントラムかやきとしみ

日本大学芸術学部文芸学科卒業後、広告代理店に勤務。1977年よりアメリカ・ハリウッドへ雑誌リポーターとして1年半滞在。帰国後、雑誌・新聞・テレビのリポーター、ライターとして活躍。1989年よりサンフランシスコ在住。現在、アメリカの航空会社勤務、衛星放送リポーター、ジャーナリストの三つの仕事を持つ。二男の母親。13年前にジェフ・キャンベルの著書と出合った訳者は、それ以来ずっと彼の本の中から自分の生活に取り入れられる方法を拾い出して、忙しい子育てとキャリア作りをすすめてきた実践者でもある。「すばやいおそうじ　スピード・クリーニング」(ジャパンタイムズ刊)、『息子をアメリカの学校に行かせてよかった』(リヨン社)、「時間の使い方ステップ・アップ」(講談社)ほか著訳書多数。

気持ちのいい生活空間のつくり方

アメリカ流
モノの捨て方・
残すこだわり

2000年10月20日　初版発行

2000年11月20日　第2刷発行

[著者]
ジェフ・キャンベル

[訳者]
アントラム栢木利美

[発行者]
小笠原敏晶

[発行所]
株式会社ジャパンタイムズ
〒108-0023 東京都港区芝浦4-5-4
電話　03-3453-2013（出版営業）03-3453-2797（出版編集）
ジャパンタイムズ　ブッククラブ　http://bookclub.japantimes.co.jp/
上記ホームページでも小社の書籍がお買い求めいただけます。
振替口座　00190-6-64848

[印刷所]
株式会社 太平印刷社

定価はカバーに表示してあります。万一、乱丁落丁のある場合は送料当社負担で、お取り替えいたします。

ジャパンタイムズ出版部宛にお送り下さい。ISBN4-7890-1026-0　Printed in Japan